Freerk Huisken
Abgehauen

*Freerk Huisken* ist Professor im Ruhestand an der Universität Bremen mit dem Schwerpunkt Politische Ökonomie des Ausbildungssektors.

2012 veröffentlichte er bei VSA: »Der demokratische Schoß ist fruchtbar... Das Elend der Kritik am (Neo-)Faschismus«, im Frühjahr 2016 erscheint sein Standardwerk zur Kritik der »Erziehung im Kapitalismus« in einer aktualisierten Neuausgabe.

Kontakt/Infos zu Vortragsterminen/Texte: www.fhuisken.de.

Freerk Huisken

# Abgehauen

eingelagert aufgefischt durchsortiert
abgewehrt eingebaut

## Neue deutsche Flüchtlingspolitik

Eine Flugschrift

VSA: Verlag Hamburg

www.vsa-verlag.de


Umschlagkarikatur: Harm Bengen

Druck- und Buchbindearbeiten: Beltz Bad Langensalza GmbH
ISBN 978-3-89965-692-3

# Inhalt

# 1. »Deutschland, ein Flüchtlingsparadies!«

Von wem auch immer diese Parole in die Welt gesetzt worden ist, so richtig geglaubt wird sie von niemandem. Weder von jenen Schreiberlingen aus dem In- und Ausland, die Deutschland und seine Kanzlerin im September 2015 angesichts der geöffneten Grenzen mit Lob überschüttet haben, noch von jenen kritischen deutschen Bürgern, die ihren Augen und Ohren nicht trauen wollten, als Zigtausende elender Flüchtlingsgestalten über die deutsch-österreichische Grenze per Bus oder Zug unkontrolliert ins Land gelassen, hier willkommen geheißen und zur Erstversorgung in Aufnahmelager verbracht wurden. Sie hatten deutsche Flüchtlingspolitik bisher mit Ausgrenzung, Abschiebung und Tod im Mittelmeer gleichgesetzt, und nun passierte scheinbar das glatte Gegenteil. Dennoch: Dass Flüchtling nicht gleich Flüchtling ist, dass alle, die es bis nach Deutschland schaffen, unter Berufung auf das Asylrecht und die Genfer Flüchtlingskonvention nach berechtigten und unberechtigten Schutzsuchenden sortiert werden, dass immer wieder die Rede von »Wirtschaftsflüchtlingen« ist, die keine Aussicht auf Asyl haben, und dass auch die längerfristige Unterbringung in Massenlagern mit Minimalversorgung, unzureichender medizinischer Hilfe und mangelhaften Hygienebedingungen nicht mit dem Bild vom Paradies übereinstimmt, all das war und ist niemandem unbekannt. Das kann jedermann in der Zeitung lesen oder den Reden von Politikern und zuständigen Landesbeamten entnehmen.

Deutsche Politiker waren ohnehin die ersten, die verbal und auch praktisch an den Außengrenzen die Bremsen schnell wieder etwas anzogen, von einer »Ausnahmesituation« redeten, Flüchtlinge nur noch kontrolliert einließen und auch sonst in jeder Hinsicht bemüht waren, Erwartungen, die sich in Flüchtlingslagern im Nahen Osten oder in Afrika verbreiten könnten, zu dämpfen. Merkels »Wir schaffen das!« wollten sie nicht als Einladung an die Flüchtlingsmassen der Welt, sondern allein als *deutsche Fähigkeit* gedeutet wissen, jene Flüchtlinge »menschlich« zu behandeln, die Europas Grenzbefestigungen überwinden und die von Ungarns

Orbán – wie es täglich im Fernsehen vorgeführt wurde – so schändlich behandelt werden.

Die Flüchtlinge selbst, abgelichtet mit Merkel-Bildern in der Hand und mit »Deutschland, Deutschland« auf den Lippen, hatten alles andere im Sinn, als ihre Elendslage ausgerechnet mit paradiesischen Zuständen abzugleichen. Auf der Flucht zu Lande oder zu Wasser irgendwie erst einmal nur überleben und ein Land erreichen, das angeblich Asyl bietet und mit dem Asyl eventuell ein Leben ohne Verfolgung, Krieg und Vertreibung verspricht, das war und ist bis heute ihre rein negativ angelegte Perspektive. Freilich dünkt diese ihnen angesichts der Verhältnisse in ihren Heimatländern, denen sie entkommen sind, wie ein gesichertes Refugium – und ist es erst einmal auch. Es ist nachvollziehbar, dass viele von ihnen, die gerade aus dem Mittelmeer gefischt worden waren oder endlich Stacheldrahtverhaue passieren durften, emphatisch ihren Dank an Deutschland in die für solche Botschaften nur allzu bereiten Kameras aussprachen.

Dennoch bleibt was. Gerade wenn Politiker wie etwa der ehemalige bayerische Innenminister Beckstein, der sich in Sachen Flüchtlingspolitik einst einen ausgesprochen unrühmlichen Namen gemacht hatte, vor Übertreibungen warnen und die Rede vom »deutschen Flüchtlingsparadies« explizit zurückweisen,[1] wollen sie eines auf jeden Fall festgehalten haben: Deutschland leistet mit der neuen Politik für Flüchtlinge schon Großes. Es muss in der Ausdeutung und Anwendung des Asylrechts als Vorbild für andere, vornehmlich europäische Staaten gelten, wenn es bis an die Grenze seiner Belastbarkeit Hilfe leistet, Integrationsbemühungen unternimmt und mit der Fluchtursachenbekämpfung dazu beitragen will, dass in Zukunft nicht Millionen von Menschen in Angst um Leib und Leben auf der Welt umherirren.

[1] Günther Beckstein, der Minister, der im Jahr 2000 so geständig zwischen den Ausländern, die »uns nützen«, und jenen, die »uns ausnützen«, sortiert hatte, erklärte: »Deutschland erscheint vielen als das Paradies. Aber ein Teil (!) ist natürlich Symbolik (...). (Die) gaukelt Menschlichkeit vor, die so nicht eingelöst wird. Die Flüchtlinge glauben, dass sie in Deutschland willkommen sind. Sie erfahren dann, dass es ganz so doch nicht ist (...). Da gibt es große Enttäuschungen.« (Süddeutsche Zeitung [SZ], 15.12.2015)

Das ist der hübsche Restposten der Zurückweisung des Urteils vom »Paradies Deutschland«. Es bleibt bei einem Lob der deutschen Politik am Ende des Jahres 2015. Die Maßnahmen, auf die es sich bezieht, kann man nicht dementieren. Aber wofür lobt sich eigentlich Deutschland, das – wie es am Auschwitz-Gedenktag 2016 im Bundestag hieß, – »den Beifall der Welt gewonnen« hat?[2] Was ist der *Gehalt* neuer deutscher Größe in Sachen Flüchtlingspolitik, *worin* soll ihr Vorbildcharakter bestehen, *was* leistet denn Asylpolitik, *welcher Maßstab* wird in dieser Politik an Hilfe angelegt, *wie definiert* Deutschland seine Belastungsgrenzen, *was* fällt für deutsche Politik unter Fluchtursachenbekämpfung, *welche Perspektive* wird eigentlich Flüchtlingen eröffnet, wenn Deutschland ihr weltweites Umherirren unterbinden will, *worum* geht es genau bei der Integration, und *wen oder was* meint Merkel mit ihrem »Wir schaffen das!«?

[2] Zeit Online, 27.1.2016.

# 2. Flüchtlinge

## Über das Ein- und Auswandern

In einer Welt, die nicht nur aus mehr oder weniger bewohnter Gegend besteht, sondern in der jeder Fleck Erde den Stempel »Staatsterritorium« trägt und die folglich ein Netz von Staatsgrenzen überzieht, da kann sich kein Mensch nach Lust und Laune, Interessen und persönlichen Perspektiven irgendwo niederlassen. Überall gelten Vorschriften, in denen niedergelegt ist, wer das Recht zur Niederlassung hat und wer nicht; unter welchen Umständen jemand seinen Standort verlassen, umziehen, ein Territorium verlassen und ein anderes – sei es für kurze Zeit oder auf Dauer – bevölkern darf. Diese *Rechtsvorschriften* sind selbst dort alles andere als bloßes Papier, wo es die über das Territorium, also über Land und Leute herrschende Staatsgewalt nicht zum ausgereiften Gewaltmonopol gebracht hat, und sie werden bei Missbrauch oder Bruch der Vorschriften qua überlegener Gewalt durchgesetzt. Die Staatsgewalt setzt sie durch, weil die Leute, denen diese Verordnungen gelten, zum *Staatsvolk* gehören, d.h. als *Staatsbürger* ganz unter der *Hoheit* des Heimatstaats stehen und auf die Rechte und Pflichten festgelegt sind, die auf dem Staatsterritorium – genau von einer bis zur anderen Grenze – Gültigkeit haben.

Wer auswandern will, der packt eben nicht nur seine Siebensachen zusammen, sondern hat sich bei seiner Obrigkeit abzumelden. Die will nämlich wissen, auf wen sie auf ihrem Gebiet setzen kann, wer ihr für alle Funktionen, die im Staat anfallen, zur Verfügung steht und wer eben nicht; weswegen es auch Fälle gibt, in denen sie ihren Bürgern die Auswanderung verweigert. Da staatlich erlaubtes *Auswandern* ohne *Einwandern* in ein anderes, angrenzendes oder entferntes Staatswesen gar nicht geht, steht erneut das F... olen einer staatlichen Erlaubnis an. Spiegelbildlich wird d... klaren Kriterien entschieden: Was nützt so ein Mensch ...n Interessen in der neuen Heimat, was trägt er mit ...eichtum und Familiennachwuchs zum »Wohle des ... polizeibekannt, als Extremist – welcher Provenienz auch immer – oder gar als Spion bzw. Geheimdienstler erfasst und eingeordnet worden usw.?

Jeder Mensch ist immer Teil eines Staatsvolks,[1] wird damit von seiner Herrschaft als *Ressource* für ökonomische, politische, soziale oder militärische Anliegen in die Pflicht genommen und deswegen auch hinsichtlich seiner grenzüberschreitenden Bewegungen kontrolliert[2] – und zwar doppelt, jeweils von zwei Staaten, die sich durchaus nicht immer grün sind. Dem widerspricht die »Allgemeine Erklärung der Menschenrechte«, die jedermann das Recht zugesteht, »jedes Land, einschließlich seines eigenen, zu verlassen und in sein Land zurückzukehren« (Art. 13), nicht. Denn noch jeder Staat hält es für sein Recht, ja für seine Pflicht, die *Bedingungen* festzuschreiben, unter denen dieses »Menschenrecht« für ihn gilt. Diese Bedingungen sind z.B. in §5 des deutschen Aufenthaltsgesetzes als »Allgemeine Erteilungsvoraussetzungen« fixiert, die in §11 um »Einreise- und Aufenthaltsverbote« ergänzt werden: Festgehalten ist dort, dass Einreise und Aufenthalt ein Visum voraussetzt, dass der Lebensunterhalt gesichert, die Identität – das meint selbstverständlich immer nur die Staatsangehörigkeit – eindeutig nachweisbar ist und auch sonst vom Einreisenden die »Interessen der BRD nicht beeinträchtigt oder gefährdet« werden. Das sind klare Angaben, die zweifelsfrei festhalten, dass den Interessen der »*Einreisenden*« nur nachgekommen wird, wenn *staatliche* Interessen nicht in Mitleidenschaft gezogen werden. Die haben allemal Vorrang und lassen in ihrer negativen Formulierung – »*nicht* beeinträchtigt oder gefährdet« – der Politik jenen Spielraum, den sie

---

[1] Ironischerweise gilt »Staatenlosigkeit« als besonders schweres Schicksal. Von einer Staatsgewalt als ihr Bürger vereinnahmt und in die Pflicht genommen zu werden, ist demzufolge die erste und wichtigste Daseinsbestimmung jedes Menschen.

[2] Dass dies je nach Erfolg von Staaten in der Staatenkonkurrenz anders ausfällt, einige afrikanische Staaten gar nicht über die Mittel verfügen, ihr Volk als Staatsvolk nützlich einzusetzen, und auch nicht über die Gewalt verfügen, ihre Territorialgrenzen gegen unerwünschte Übertritte zu sichern, ändert nichts an dem Ausgeführten. Denn allemal wird all das und noch einiges mehr in solchen Staaten als zu behebender *Mangel* gesehen – von diesen Staaten selbst oder von denjenigen Staaten, die es dann mit den Geflüchteten zu tun haben.

braucht, um von Fall zu Fall zu regeln, welche Ausländer sie bei sich dulden will und welche nicht. Darüber ist der als normal geltende Grenzverkehr von Touristen, Geschäftsleuten, Diplomaten, »Gastarbeitern«, Sportlern, Militärs u.a. mit zwischenstaatlichen Vereinbarungen geregelt: Über die wechselseitige Anerkennung von Pässen oder passartigen Dokumenten, Visa, Blue Cards, Niederlassungserlaubnissen u.a.[3] wird jeweils verhandelt, nicht ohne dass dabei hübsche Interessengegensätze zur Sprache kommen.[4]

Auf diese Weise geht letztlich jeder grenzüberschreitende Verkehr, in dem es um Waren, Dienstleistungen und Kapital geht, seinen modernen Gang: nämlich mit den *dazugehörigen Menschen* – Marx hat sie Charaktermasken genannt –, den Eigentümern, ihren Managern oder Arbeitskräften, mit politischen Vertretungen, die vor Ort zwischenstaatliche Affären bereinigen, mit Touristen, die für das Studium fremder Länder dort ihr Geld lassen, oder auch mit Kulturbeauftragten jeder Art, von Bastian Schweinsteiger über Gerhard Richter bis Kurt Masur, die der zwischenstaatlichen Konkurrenz immer noch zusätzlich den Stempel des harmlosen Wettstreits im Fiedeln, Kicken oder Pinseln verleihen.

## Der Flüchtling – in großer Not illegal unterwegs

Mit *Flüchtlingen* hat es dabei seine besondere Bewandtnis. Sie halten es aus verschiedenen Gründen unter der Herrschaft der nationalen Obrigkeit in ihrer Heimat nicht mehr aus. Mit ihrer Flucht aus dem Land überschreiten sie regelmäßig Staatsgrenzen. Dabei gelten für sie zwar alle Regeln fürs Ausreisen und Einreisen, immerhin sind sie als Staatsbürger dem nationalen Rechtssystem unterworfen. Aber auf der Flucht aus ihrem Land müssen sie alles dafür unternehmen, diesen Regeln zu *entkommen*: Dies hat diverse Gründe. Da mag die regierende Herrschaft dem Stamm oder der Religion, der der Flüchtling zugehört, den Kampf erklärt oder

---

[3] Siehe dazu im Aufenthaltsgesetz § 4.

[4] Was bekommt ein Staat als Gegenleistung, wenn er zulässt, dass die bei ihm auf dem Arbeitsmarkt überzähligen Menschen fremden Reichtum mehren? Was dürfen fremde Bündnis-Militärs auf dem heimischen Territorium tun? Wo ist die Grenze zwischen diplomatischer Vertretung und geheimdienstlicher Tätigkeit zu ziehen? Usw.

ihn von Grund und Boden vertrieben und damit seiner Subsistenz beraubt haben. Da mag er politisch in Ungnade gefallen oder einer Opposition angehören bzw. zugeordnet worden sein, die die Staatsmacht als Bedrohung ausgemacht hat, er folglich von Staatsgewalt verfolgt und u.U. von Folter und Todesstrafe bedroht sein. Da mag er unter den herrschenden ökonomischen Verhältnissen keine Möglichkeit mehr gesehen haben, den Lebensunterhalt für sich und seine Familie selbst auf niedrigstem Niveau dauerhaft zu sichern, ja vielleicht sogar vom Hungertod bedroht sein. Da mag er in einem Krieg oder Bürgerkrieg zwischen die Fronten geraten und darüber seines Lebens nicht mehr sicher sein. Ein Flüchtling, der Leib und Leben vor Übergriffen seiner Obrigkeit(-en) retten will, der versucht, so schnell es geht, abzuhauen, und der muss dabei nicht selten sein Hab und Gut – wenn er denn überhaupt über so etwas verfügt – und häufig auch seine Familie zurücklassen. Er verlässt das Land, oft mit nicht viel mehr als mit dem, was er auf dem Leibe trägt. Vielleicht hat er vorher noch irgendwas irgendwie zu Geld gemacht, denn Flucht ohne Geld ist aussichtslos. Er weiß um die Paradoxie seiner Lage: Seine Flucht vor Verfolgung, Vertreibung oder aus der *größten Armut* gelingt *ohne Geldmittel* nicht. Weswegen zur Flucht Entschlossene gelegentlich Geld leihen, die engere oder weitere Verwandtschaft anbetteln und sich ihrer letzten Geldmittel mit der Versicherung bemächtigen, dass sie bei gelungener Flucht vermehrt zurückfließen werden.

Wer sich zur Flucht entschließt, der will also weder verreisen noch mit Visum auswandern; und eine Abmeldung ausgerechnet bei der Instanz, die ihm ans Leder will, wäre absurd. Sie käme dem freiwilligen Gang in den Knast, wenn nicht sogar einem Suizid gleich. Die rein *passive* Feindschaftserklärung an jenes Staatswesen, dessen Rechtssystem er entkommen will, schließt ein, dass er ab sofort *illegal* unterwegs ist. Um ein Visum – beispielsweise für ein EU-Land – braucht er sich gar nicht erst zu bemühen. Die dafür nötigen Kriterien erfüllt er nicht: In der Regel ist er nicht in der Lage, seinen Lebensunterhalt zu finanzieren, oft ist seine Identität kritisch und bei Flüchtlingen, die obendrein mit dem Stempel der Illegalität gebrandmarkt sind, ist mehr als zweifelhaft, ob der Einreisestaat mit ihnen etwas anfangen kann. Flucht vor Hunger und Bomben sind ohnehin *für sich* für keinen Staat ein Grund, Flüchtlinge aufzunehmen.

Wenngleich dies seine größte Sorge nicht ist, so ist der Flüchtling in den Augen seines Heimatstaates ein *Rechtsbrecher*, der sich dem staatlichen *Zugriff entzieht*. Aus dem Umstand, dass Flüchtlinge sich um Grenzen des Heimatstaates nicht scheren (können) und geschlossene Grenzübergänge über »Grüne Grenzen« umgehen, ziehen diese Staaten – je nach Betroffenheit – verschiedenartige Schlüsse: Einige der Herkunftsstaaten versuchen die Flucht zu unterbinden und setzen Fluchtversuche unter Strafe, andere unternehmen nichts gegen den Verlust an Volkssubstanz, sind vielleicht sogar froh, arme Schlucker oder Widerstandskräfte loszuwerden; wieder andere bauen Mauern, um Bürger von der Flucht abzuhalten. Ebenso illegal dringt der Flüchtling in ein fremdes Staatswesen ein, wenn er dem eigenen entflieht: Ohne Visum oder sonstige Einreiseerlaubnis sieht er zu, unentdeckt die Grenze zu überschreiten. Er ist nach Grenzüberschreitung im Grenzland unerlaubt eingedrungener *Ausländer*, d.h. er gehört nicht zu dessen Staatsvolk und wird, arm wie er in der Regel ist, kaum als *Bereicherung* des Landes einsortiert. Von Flüchtlingstrecks heimgesuchte Staaten unternehmen schon mal den umgekehrten Versuch: Sie versuchen sich mit Mauern und Zäunen vor Eindringlingen zu schützen, die sie bei sich nicht aufnehmen wollen. Andere wollen sie möglichst schnell wieder loswerden. Die Beispiele sind unschwer der Grenzpolitik der betroffenen Staaten der letzten Jahrzehnte zu entnehmen. Sie alle stehen für eins: Staatsgewalten definieren nach ihrem Interesse erstens, wer zu ihrem Staatsvolk gehört und wer nicht, und tragen zweitens mit Gewaltmitteln *selbst* dafür Sorge, dass das Volk, so wie sie es für ihre nationalen Belange einsetzen wollen, beieinander bleibt, ausgedünnt oder aufgestockt wird.

Von diesen und anderen staatlichen Entscheidungen hängt ab, was dem Flüchtling auf der Flucht droht. Kaum ist er vor den Übergriffen durch seine Herrschaft geflohen, gerät er mit fremden Staatsgewalten in zumeist erneut sehr unschöne Kontakte, die von einem zeugen: *Staaten wollen ihn eigentlich wieder loswerden*. Denn Flüchtlinge sind nicht bestellt, haben sich als Ausländer über Recht und Gesetz hinweggesetzt und armselig, wie sie in der Regel sind, wird an ihnen auch gar nicht erst nach Brauchbarem, nach Eigentum oder nützlichen Qualifikationen gesucht.[5] Da Nichtbefassung mit ihnen unter den Augen der moralisch sehr aufmerksamen Weltöffentlichkeit auch nicht geht, immerhin müssen diese Menschen irgendwie am Leben erhalten werden, sind sie für alle Staaten, mit denen sie auf der Flucht in Berührung kommen, nichts als *Last*.

Und so wird mit ihnen auch umgegangen. Man transportiert sie an eine Grenze, schiebt sie dort ab, errichtet *Lager* bzw. gesteht Hilfsorganisationen deren Errichtung zu oder verfrachtet sie zwecks weiterer Behandlung in »Erstaufnahmeeinrichtungen«. Nicht dass sich Staaten *nicht* um die Flüchtlinge kümmern würden, nur nimmt das Kriterium für solches Kümmern nicht Maß an dem, was Flüchtlinge *brauchen*, sondern daran, als welche Sorte *Störung* sie im jeweiligen Durchgangsland definiert werden. Niemand soll sagen, dass Flüchtlingen nicht geholfen wird: Hilfe stellt auch ein Lager dar, in das sie, grenznah aufgegriffen, verbracht werden. In der Tat – und das ist nicht ironisch gemeint – ist das Lager ein erster *Schutz* für sie. Allerdings in *doppelter* Weise: Runtergekommene Flüchtlinge werden minimal versorgt und erhalten ein Zeltdach über dem Kopf. Zugleich aber stellt so ein Flüchtlingslager eine mit Ausländern vollgestopfte Enklave auf dem Territorium eines Staates dar, der mit diesem Lager *sich* vor dem unkontrollierten Einsickern dieser Fremden in die heimische Bevölkerung, die den Flüchtlingen häufig genug nicht gerade wohlgesonnen ist,[6]

---

[5] Vieles von dem, was Flüchtlingen sonst noch angehängt wird, fällt mehr unter interessierte Ausmalung von Ausländerfeindschaft. Wenn es etwa heißt, Flüchtlinge seien Kriminelle, Drogenhändler, Terroristen oder würden Seuchen verbreiten, dann ist daran nur so viel Wahrheit, wie sich Krankheiten oder »kriminelle Elemente« auch in jeder inländischen Population finden lassen, die vom gesellschaftlichen Reichtum ausgeschlossen wird und ihr Leben als Teil des »Prekariats«, als »bildungsferne Schicht« in Plattenbausiedlungen verbringen muss.

[6] Dabei wird geargwöhnt, dass sich feindliche Stämme, Religionsgemeinschaften oder politische Organisationen in den Lagern festsetzen oder dass Lager als Rekrutierungsorte für Terroristen bzw. für solche Gruppierungen fungieren, die vom Lagerstaat als Terroristen ausgemacht worden sind. Der Argwohn ist nicht unbegründet, wie Fälle aus dem Nahen Osten zeigen.

oder vor wildem Durchmarschieren von Flüchtlingstrecks schützt. Die inzwischen bekannt gewordenen Lager im Libanon oder in Jordanien sind deswegen häufig gut befestigt und von Staatsorganen bewacht, Ein- und Ausgang werden kontrolliert, und Bemühungen von Flüchtlingen, sich außerhalb des Lagers eine Arbeit zu suchen, werden mit Argusaugen beobachtet. Es soll nämlich einerseits der Charakter des Lagers als *Lebensprovisorium* erhalten bleiben, andererseits die nationalen Aufwendungen dafür so gering wie möglich gehalten werden. Flüchtlinge, die in solchen, inzwischen fast zu Millionen-Zeltstädten herangewachsenen Elendsquartieren einen »Zwischenstopp« einlegen, die einfach nicht mehr weiter können oder auf ein Kriegsende bzw. neue politische Verhältnisse in ihrer Heimat warten, sind deswegen in ein Lagerleben eingebunden, in dem das Leben oder Überleben vielfach von Almosen regionaler, nationaler oder supraregionaler Hilfsorganisationen abhängig ist. Deren Hilfsimpetus lässt oft genug zu wünschen übrig. Ihre Mittel müssen – wenn sie nicht über private Spenden kommen – auch wieder von Staaten finanziert werden, deren moralisch offensiv vorgetragene Spendierfreudigkeit in keinem Verhältnis zu ihrer Zahlungsmoral steht. Die Trostlosigkeit des Lagerlebens besteht zudem nicht nur darin, dass es in ihm am Nötigsten fehlt, sondern auch darin, dass das Leben dort häufig keinen anderen Inhalt hat als zu warten und dabei zu überleben. Vegetieren nennt man das auf Hochdeutsch. Wer kann – und das ist die eine zwangsläufige Konsequenz –, *flieht* erneut, diesmal *aus* dem Lager. Die andere besteht darin, sich auf Dauer im Lagerleben irgendwie einzurichten, was dazu führt, dass umgekehrt die verarmte *einheimische* Bevölkerung im Lager einen Markt nicht nur für *Fluchtutensilien* aller Art entdeckt: In Dadaab z.B., dem mit ca. 650.000 Menschen

---

Dass es bei Maßnahmen zur Abriegelung der Lager um den *Schutz* für die Bevölkerung geht, darf aber bezweifelt werden. Allein um *Sicherheit und Ordnung* geht es dabei, wie zweifelsfrei dem Umstand zu entnehmen ist, dass sich das Leben vieler Einheimischer in diesen Ländern kaum von dem der Flüchtlinge in den Lagern unterscheidet.

größten Flüchtlingslager der Welt in Kenia, ist inzwischen »alles käuflich zu erwerben, ein Handy ebenso wie eine Waffe«.[7]

Seine *Staatsbürgerschaft* behält der Flüchtling auf der Flucht natürlich weiter. Die kann er gar nicht von sich aus ablegen. Und in der Regel halten die Flüchtenden ihre Papiere auch sehr besorgt beieinander. Sie wissen, *ohne Papiere,* mit denen sich ihre Herkunft zweifelsfrei nachweisen lässt, sind sie von vornherein aufgeschmissen. Dass Flüchtlinge ihre Papiere gelegentlich wegwerfen oder sich falsche besorgen, ist zwar Faktum, widerspricht diesem Urteil jedoch gar nicht. Es steht für die *Bedeutung*, die diese staatlichen Volkszugehörigkeitsausweise auf ihrer Flucht haben. Überall dort, wo die Flüchtlinge auf eine Staatsmacht und ihre Bürokratien stoßen, wird nicht primär ihr *Elend,* der Anlass ihrer Flucht, festgehalten, beurteilt und eventuell umsorgt, als erstes wird vielmehr ihre Staatsbürgerschaft, also ihre *Herkunft,* abgefragt: *Woher* jemand kommt, das ist den Behörden wichtiger als die Frage, *warum* es Menschen massenhaft in eben diesen Ländern nicht mehr aushalten. Auch der Umstand, dass es inzwischen ein international gut gehendes Geschäft mit gefälschten Papieren für Flüchtlinge gibt, macht nur deutlich, dass der *individuelle Fluchtgrund* eines Flüchtlings offenbar nicht mit behördlich *anerkannten Fluchtgründen* zusammenfällt. Es braucht der Flüchtling also nicht nur irgendwelche, sondern – und das spricht sich im Onlinezeitalter schnell herum – die *richtigen* Papiere. Die sind allemal für staatliche Stellen, die ihn auffangen, von größerer Bedeutung als die zumeist ins Auge springende Elendslage, welcher die Flüchtlinge zu entkom-

[7] Nach: faz.net, 13.4.2015. Die Regierung von Kenia hat inzwischen vor, das Lager, in dem sich seit 25 (!) Jahren vor allem Flüchtlinge aus Somalia aufhalten, zu schließen und die Flüchtlinge nach Somalia zurückzutransportieren. Der Grund: Im Lager geben somalische Clans und radikale Islamisten den Ton an, in denen die kenianische Regierung eine zusätzliche Gefahr für die innenpolitische Stabilität des Landes sieht. Sie stößt mit diesem Vorhaben auf Widerstand nicht nur vonseiten der Vereinten Nationen und der Hilfsorganisationen – die übrigens, so pervers es klingen mag, Flüchtlinge als *Grundlage* ihrer Fortexistenz *brauchen* –, sondern auch auf den der neuen Lagerherren, die dieses Rekrutierungszentrum nicht missen wollen. Eine hübsche Koalition.

men suchen. Ärgerlich für Flüchtlinge ist dabei der Umstand, dass die Frage, *welches* denn die richtigen Papiere sind, sprich solche, mit denen er nicht postwendend wieder weggeschickt wird, von staatlichen Behörden nach Kriterien entschieden wird, die mit den Flüchtlingen wenig, mit den sich ändernden Konjunkturen von Flüchtlingspolitik dafür umso mehr zu tun haben.[8]

Neben Geldmitteln für Fluchthelfer aller Art und den Papieren braucht es aber noch mehr. Zur Flucht braucht es immer auch den *Willen* und die *Fähigkeit*, sich deren Strapazen stellen zu können. (Siehe dazu am Ende des Kapitels, S. 20ff., den Exkurs: Überleben auf der Flucht als Qualifikationsnachweis: »Gelobt sei, was hart macht!«) Es fallen folglich auch der individuelle Flucht*grund* und die *Tauglichkeit* zur Flucht auseinander. Nur ein geringer Teil derjenigen, die es unter der Herrschaft ihrer nationalen Führung bzw. in der Kriegslage eigentlich nicht mehr aushalten, flieht. Das heißt aber, dass sich von jenen 60 Mio. Flüchtlingen, die die UN-Organisationen bis Ende 2015 gezählt haben, nur ein vergleichsweise *geringer Teil* auf den Weg in die Zentren des Weltkapitalismus, vornehmlich nach Europa und in die USA, macht. Umgekehrt formuliert: Die armseligen Gestalten, die den Versuch unternehmen, der Verfolgung, Verarmung oder den Bürgerkriegen zu entfliehen, stellen so etwas wie die »*Oberschicht*« all derjenigen dar, die *Fluchtgründe haben*. Alte, Kranke oder physisch und psychisch Entkräftete sind gar nicht erst in der Lage, den Entschluss zur Flucht zu fassen, ihn in die Tat umzusetzen und dabei *bewusst kalkulierend* jedes Risiko – auch das des eigenen, ohnehin bereits angegriffenen Lebens – auf sich zu nehmen.

Deswegen ist an den Flüchtlingen noch etwas festzuhalten: Sie haben sich recht genaue – wenngleich falsche – Vorstellungen von den Regionen gemacht, in die sie fliehen. Sie wissen, dass sie dafür Geld brauchen; sie haben Erkundigungen darüber eingezogen, wo und wie sie an Schleuser herankommen, was es für sie bedeutet, sich ihnen auszuliefern, und welche Wege für sie die relativ günstigeren

---

[8] Man denke nur – um etwas vorzugreifen – daran, welche Staaten wann von deutscher bzw. europäischer Politik das Prädikat »sichere Herkunftsländer« erhalten und welchen es wann wieder aberkannt wird.

sind. All das spricht dafür, dass sie *als Opfer* der Zurichtung ihrer Heimatländer durch das weltweite Wirken des »freien Westens« in gewisser Weise zugleich dessen *Produkt* sind. Ohne Ausrüstung mit Handy oder Smartphone und deren Beherrschung gelingt heute niemandem die Flucht, viele von ihnen sind zweisprachig unterwegs, können sich folglich auch außerhalb ihrer Heimatregion verständigen und haben die Grundregeln kapitalistischer Ware-Geld-Beziehungen längst intus – nur eben keine Geldquelle zum käuflichen Erwerb von Lebensmitteln (mehr). Unter Flüchtlingen aus Syrien befinden sich nicht nur verarmte Bauern, ausgebombte Handwerker und Tagelöhner, sondern auch Ärzte, Ingenieure, Lehrer und Studenten, deren Städte zerstört, deren Ausbildungsstätten vom IS besetzt sind und deren Lebensunterhalt ruiniert ist. Den Fernsehbildern lässt sich entnehmen, dass sich die Jüngeren unter allen Flüchtlingen, woher sie auch immer kommen, in Kleidung und Auftritt kaum vom hiesigen Nachwuchs unterscheiden: Kapuzenpulli, Jeans und Adidas-Turnschuhe sind Standard. *All das relativiert keinen einzigen Fluchtgrund.* Es macht nur deutlich, dass sich die Flüchtlinge heute längst nicht mehr durch ethnische Besonderheiten oder Stammessitten, die ans Mittelalter gemahnen, auszeichnen. Die haben sich durch den verhängnisvollen Siegeszug des Kapitalismus quer über alle Kontinente ziemlich weggekürzt. Wer heute noch *borniert befangen* ist in überkommenen, quasi naturwüchsigen Lebenszusammenhängen, der taugt nicht zur Flucht; ja, der denkt überhaupt nicht ans Fliehen.

Wenn heute von einer durch die *Flüchtlingsmassen* verursachten internationalen Krise die Rede ist, dann soll der hiesige Bürger an jene Flüchtlinge denken, die es aus ihrer Heimat bis nach Europa geschafft haben und die vor Ort, wie täglich im Fernsehen zu besichtigen, um Hilfe nachsuchen. Es wird einem also das *»Flüchtlingsproblem«* von vornherein interessiert sortiert vorgestellt. Und dies gleich in mehrfacher Hinsicht: Dass es nur ein Bruchteil von Flüchtlingen überhaupt bis nach Europa schafft, dass für die meisten von ihnen das Leben in Lagern zur schlimmen Normalität geworden ist, und dass noch ein Vielfaches von ihnen Fluchtgründe, aber nicht das Geld und die Kraft besitzt, die Flucht überhaupt anzutreten, fällt hierzulande gar nicht erst unter das »Flüchtlingsproblem«. Wer nicht unterwegs ist, der ist kein Flüchtling, und wer nicht auf der Flucht in Richtung Europa ist, der fällt deswegen auch nicht unter hiesige Flüchtlingspolitik. Die Flüchtlingsfrage von ihren Ursachen her aufzuziehen, ist nicht ihre Sache.

Ob sich das unter Merkel nach dem September 2015 in Deutschland geändert hat, als sie verkündete, sich der »Flüchtlingsproblematik in ihrer Gesamtheit« anzunehmen und dabei ernsthaft den *Fluchtursachen* zu Leibe zu rücken, wird sich erweisen.

## Exkurs: Überleben auf der Flucht als Qualifikationsnachweis: »Gelobt sei, was hart macht!«[9]

> »Schauen Sie sich die Flüchtlingswege an: wie aufwendig und gefährlich die sind. Dies schafft nur, wer sein Leben in die Hand nehmen will. So jemand hat doch hervorragende Voraussetzungen, (...) (So ein Junge aus Mali) hat mit seiner Flucht gezeigt, was für einen Willen er besitzt. Sobald er dann auch noch Deutsch kann, sind das gute Voraussetzungen.«[10]

Der das in einem Interview von sich gegeben hat, ist nicht irgendjemand. Weder irgendein kleiner Handwerksmeister, den seine Verbitterung über »die deutsche Jugend« zu so einer Faschisterei verleitet, noch ein aus der Spur gelaufener Pegida-Anhänger, der sein Ideal von deutschen Tugenden auch schon mal an Nichtdeutschen entdeckt. Es ist der Chef der Bundesvereinigung der Deutschen Arbeitgeberverbände, Ingo Kramer, der in einem SZ-Interview zur Flüchtlingsfrage aus seinem Arbeitgeberherzen keine Mördergrube gemacht hat. Bemerkenswert? Auf jeden Fall ist bemerkenswert, dass in keiner TV-Sendung und in keinem Pressekommentar auf diese mehrfach wiederholte, also nicht als Ausrutscher zu wertende Äußerung kritisch Bezug genommen wird, der Arbeitergeberpräsident auch nicht um nachträgliche Klärung gebeten oder gar die Frage in den öffentlichen Raum gestellt wird, ob

---

[9] »Ich lobe das Land nicht, wo Butter und Honig – fließt« (F. Nietzsche) – so geht das Zitat weiter.

[10] Arbeitgeber-Präsident Ingo Kramer, in: SZ, 4.9.2015

so ein Mensch tatsächlich geeignet ist, die deutsche Unternehmerschaft zu führen und zu repräsentieren. Hätte er in dem Interview von einem *»Neger aus Mali«* gesprochen, dann wäre mit Sicherheit der Teufel los gewesen.

*

Dieser Unternehmervertreter verrät damit gar nicht nebenbei so Einiges über das Verhältnis von *Willen* und *Qualifikation,* das er sich als Voraussetzung für Beschäftigung in deutschen Betrieben wünscht. Es ist nicht allein der Wille zur Arbeit, den er fordert, auch nicht der Wille zur Arbeit gegen Lohn im Dienste von Kapitaleigentümern bzw. Eigentümergesellschaften. All das reicht ihm nicht, all das gilt ihm als eine selbstverständliche Voraussetzung in einer Wirtschaftsweise, in der nur derjenige an Geld kommt, der sich, eigentumslos wie er ist, bereit erklären muss, sein Arbeitsvermögen ganz in den Dienst der kapitalistischen Gewinnrechnung zu stellen. Ebenso abstrahiert der Herr Kramer in der Stellungnahme erst einmal gänzlich von Ausbildung, von Können und Wissen, also von *fachlicher* Qualifikation. Allein die Kenntnis der deutschen Sprache erwähnt er als *»gute Voraussetzung«*, wobei diese sachliche Ausstattung des Arbeitsvermögens wohl auch für ihn mehr nationales Integrations- als Arbeitserfordernis ist.

Begeistert zeigt sich der BDA-Präsident dagegen von einem *Willen*, der *rücksichtslos* gegen das eigene Leben an seinem *Ziel* festhält – dessen nähere Würdigung im Fall dieser Flüchtlinge aus Afrika ihm allerdings völlig fern liegt. Allein die *erfolgreiche* Bewältigung der *»aufwendigen und gefährlichen Fluchtwege«* hält er fest; und die gilt ihm als Qualifikationsnachweis für Arbeiten in einer Nationalökonomie, die sich seit Langem rühmt, den Manchesterkapitalismus mit seinem Arbeitstag von ca. 16 Stunden und einer dramatisch niedrigen Lebenserwartung des – britischen – Proletariats hinter sich gelassen zu haben. *Das* ist für ihn offenbar eine heute überaus wichtige Qualifikation, die natürlich immer voraussetzt, dass so ein Wille einer *benutzbaren Physis* überhaupt das Durchhalten befehligen kann. An welche Arbeitsverhältnisse denkt der Herr Präsident dabei? Das müssen Arbeiten sein, für die primär der *Wille zum Aushalten* von *ruinösen* Anforderungen geschätzt wird. Und die wird es wohl geben. Der Chef hiesiger Unternehmer, selbst Kapitaleigner, wird schon wissen, dass Arbeiter unter marktwirtschaftlichen Verhältnissen nach wie vor Härten in Kauf zu nehmen haben, die »*lebensgefährlich*« sind.

*

Beschwichtigend heißt es dagegen: »Da hat der Präsident fürchterlich übertrieben!« Oder: »Das soll man nicht so wörtlich nehmen!« Oder: »Er will der verwöhnten deutschen Jugend doch nur einen Spiegel vorhalten.« Egal, was er wohl gemeint haben mag und welche Motive ihn geritten haben, seine Auskünfte sind in einer Hinsicht *nicht* das gnadenlos überzeichnete Ausbeutungsideal eines rückständigen Unternehmertyps, sondern das klar ausgesprochene Interesse an Arbeitskräften, die einer kapitalistischen *Arbeitswelt* zu Diensten sind: Auf die Erhaltung der Arbeitsfähigkeit, d.h. der physischen und geistigen Potenzen des Arbeiters, nehmen er und seinesgleichen bei ihrer Benutzung *von sich aus* keine Rücksicht.

Braucht jemand Belege? Bitte schön: Was sagen alle *arbeitsrechtlichen* Regelungen der Länge des Arbeitstages, was der regelmäßige *Streit* über die Pausenlänge, was die *staatlicherseits* für die Betriebe erlassenen *Vorschriften* zur Sicherheit am Arbeitsplatz, zur Hygiene in Werkhallen, was das *Verbot* bestimmter Substanzen in der Fertigung usw. eigentlich über das *Interesse* der Unternehmer aus? Ihnen muss von Staats wegen bis heute ein Mindestmaß an Rücksichtnahme auf das Arbeitsvermögen aufgenötigt werden.[11]

*Von sich aus* ist aus der Klasse der Kapitaleigentümer offensichtlich niemand bereit, dafür zu sorgen, dass die Arbeitermannschaften die Arbeit wenigstens bis zur gesetzlichen Rente aushalten. Und anderes leisten staatliche Vorschriften im Prinzip auch nicht. Wie heißt die politische Quintessenz all dieser arbeitsrechtlichen Erlasse an die Adresse der Unternehmer: »Ihr könnt doch nicht das Arbeitsvermögen, die Quelle eurer Siege in der ökonomischen Konkurrenz, *durch ihre Benutzung unbenutzbar* machen!« Doch,

---

[11] Das hat schon Karl Marx ebenso beurteilt: »*Was könnte die kapitalistische Produktionsweise besser charakterisieren als die Notwendigkeit, ihr durch Zwangsgesetz von Staats wegen die einfachsten Reinlichkeits- und Gesundheitsvorrichtungen aufzuherrschen?*« (aus: MEW 23, »Das Kapital«, Bd. I, Berlin/DDR 1962, S. 505)

können sie. Um diesen Widerspruch scheren sich die Damen und Herren Kapitalisten wenig. Sie wissen ihn nämlich beim *Sozialstaat* in guten Händen. Das heißt: Das *polit-ökonomische* Interesse an der Erhaltung brauchbarer Arbeitskräfte verfolgen die staatlichen Hüter der sozialen Marktwirtschaft zwar *gegen* die Unternehmerklasse, allerdings nie mit der Konsequenz, dass sie den *Grund* der ruinösen Benutzung, das Gewinnemachen, angreifen – immerhin liefert es die finanzielle Grundlage ihrer Staatsmacht. Sie greifen ein, wenn sie den benutzbaren Bestand ihrer braven Arbeitskräfte in Gefahr sehen, genauer: deren versammelte Fähigkeit, sich ein Leben lang für fremden Reichtum krummzulegen. Dagegen giftet dann das Kapital, sieht seinen Ruin voraus, setzt Modifikationen durch, akzeptiert das Ergebnis schließlich oder auch nicht; und geht z.B. nach Bangladesch, wo die Staatsführung nicht so zimperlich ist.[12] In diese Arbeitswelt werden Inländer wie geduldete Ausländer integriert. Und wenn letztere den Arbeitsmarkt zusätzlich bereichern, wird das Unternehmertum schon wissen, wie es die damit forcierte Konkurrenz ausnutzt: Dann wird es schnell zur neuen Normalität, dass es für viele Beschäftigte noch ein bisschen mehr zum Aushalten gibt.

*

Übrigens begeben sich die »Jungs« aus Mali, Somalia, Eritrea, Irak, Afghanistan etc. auf jenen lebensgefährlichen Fluchtweg gerade in der Hoffnung, irgendwo in Europa eine bezahlte Arbeit zu finden, mit der sie im *Unterschied* zu ihrem Herkunftsland (über-)*leben* können. Empfangen werden sie mit einer zynischen Sichtung ihrer Brauchbarkeit: Unternehmer aus dem »gelobten Land« verkünden, dass sie als Beleg ihrer Qualifikation *schätzen*, was Flüchtlinge fast *umbringt*.

---

[12] Vgl. dazu den Artikel in GegenStandpunkt, Heft 3/2013, mit dem Titel: »Anlässlich der Fabrik-Katastrophen in Bangladesch: Mit ›Fair Trade‹ die Welt verbessern! Ausbeutung in der 3. Welt: Nichts weiter als eine Herausforderung an die Moral des westlichen Verbrauchers«.

## 3. Fluchtursachen

### »Der Westen ist nicht ganz unschuldig«

Die ökonomischen und politischen Verhältnisse in den Ländern, *aus* denen die Flüchtlinge fliehen, sind immer in irgendeiner Weise das Produkt der Staaten, *in die* sie fliehen und deren Betreuung sie sich dann auch noch *unterstellen*. Das ist *paradox* und zugleich für sie praktisch *alternativlos*. Denn dass sie dahin fliehen, wo sich mit staatlicher Hilfe kapitalistischer Reichtum vermehrt und so die Grundlagen dafür geschaffen werden, auf den Reichtum der restlichen Welt zuzugreifen, liegt daran, dass sich dort – so ihre Deutung – für sie und die Ihren nicht nur eine *Über*lebens-, sondern eine *Lebens*perspektive bietet. In der Tat stellt dieses Fluchtziel für sie die einzige Möglichkeit dar, ihren elenden Lebensverhältnissen zu entkommen. Dass sie sich nicht daranmachen, ihrem Elend theoretisch auf den Grund zu gehen und die Verhältnisse in ihren Heimatländern umzukrempeln, sollte man ihnen nun wirklich nicht vorhalten. Wer bei derart entschiedenen Gewaltverhältnissen nur noch an Flucht denkt, um wenigstens sein Leben zu retten, dem fehlt es an allen Mitteln und Gelegenheiten, um vor Ort ein Veränderungswerk in Gang zu setzen, das Maß nimmt an einer materiellen Verbesserung der Lebensumstände.

Natürlich steht die theoretische Auflösung des Paradoxes an, weil sich darüber nicht nur begründet die falschen Hoffnungen, welche Flüchtlinge auf den Kapitalismus in den Metropolen setzen, zurückweisen, sondern sich auch Erkenntnisse darüber gewinnen lassen, was es denn mit einer Politik eben jener Metropole auf sich hat, die – wie Kanzlerin Merkel es beständig unterstreicht – endlich ernsthaft mit der *Bekämpfung der Fluchtursachen* beginnen will. Die Rede von der Bekämpfung der Fluchtursachen ist dabei wirklich nicht neu. In der Vergangenheit hatte sie mehr den Charakter einer ideellen Beteuerung: Natürlich wisse man, hieß es, dass das Flüchtlingsproblem eigentlich nicht nur mit mehr Grenzbefestigung zu lösen sei, sondern dass man auch an die Fluchtursachen herangehen müsse. Die, so hat es im Frühjahr 2015 noch der amtierende Innenminister de Maizière betont, fielen aber recht eigentlich nicht in den Bereich ihrer Zuständigkeit:

> »Wir machen uns schuldig, wenn wir Flüchtlingen nicht helfen. Aber wir sind unschuldig daran, dass sie überhaupt kommen.«[1]

Damit waren die Prioritäten in der Flüchtlingspolitik eindeutig festgezurrt.

Inzwischen hört man durchaus neue Töne. Da ist die Rede davon, dass man – »man« ist der »freie Westen« – an den Fluchtbewegungen doch »nicht ganz unschuldig«, vielleicht der eine oder andere Krieg zwar nicht überflüssig gewesen sei – immerhin ging es im Irak und in Libyen um den Sturz von »Schurkenregimen« und in Afghanistan um den Kampf gegen Terroristen –, dass aber die westliche Politik doch hinsichtlich eines Plans B für die Zeit nach der Erledigung der Schurken zu kurz gegriffen habe. Fluchtursachen sind offensichtlich nicht gleich Fluchtursachen. Wer den Plan B für die Zeit nach Gaddafi, Saddam Hussein oder nach dem – partiell wieder rückgängig gemachten – Abzug aus Afghanistan vermisst, der erklärt sich allein dafür schuldig, *nicht* dafür gesorgt zu haben, dass Menschen aus diesen Ländern *nicht* massenhaft fliehen. Natürlich erfährt man in dieser doppelten Negation, die eine *Begründung* durch eine *Absicht* – »Wir wollen die Flucht vor Ort begrenzen« – und diese durch eine *Zuständigkeitserklärung* – »Da haben wir vor Ort noch viel zu tun« – ersetzt, nichts darüber, *wodurch* die Verhältnisse im Irak, in Libyen, Afghanistan oder in Syrien derart aufgemischt worden sind, dass es Menschen, die sich vorher dort irgendwie eingerichtet hatten, in ihnen nicht mehr aushalten. Wie auch? Sind doch mit dieser, allein auf weiteren Zugriff berechneten Selbstbeschuldigung alle *Zwecke*, die der Westen dort verfolgt hat und noch verfolgt, von vornherein aus der Schusslinie und angesichts der »Schurken« vor Ort für selbstverständlich, ja als menschengemäß gerechtfertigt und als ein einziger Segen für die dortigen Völker abgehakt, die dringend von der Knute der Diktatoren befreit werden mussten.

---

[1] Zitiert nach: Handelsblatt, 20.4.2015.

## Drei exemplarische Fälle

Am Fall von Syrien, von afrikanischen Staaten und dem Westbalkan, den Regionen, aus denen sich zurzeit die meisten Flüchtlinge in Richtung Europa aufmachen, soll der Frage nachgegangen werden, was jene Zerrüttungen bewirkt hat und weiter bewirkt, die ganze Volksteile nicht mehr aushalten. (Dabei wird keine politökonomische Landeskunde geliefert, sondern allein auf den Zusammenhang zwischen Flucht und westlichen Weltordnungsübergriffen verwiesen.)

■ *Syrien*

Für die bürgerliche Presse liegt der Sachverhalt klar auf dem Tisch: Menschen fliehen vor Assads Fassbomben bzw. Chemiewaffen und suchen dem Terror der religiösen Fanatiker des IS zu entkommen. Natürlich sind Bürgerkrieg und Massaker an Ungläubigen allemal Fluchtgründe. Doch sollte man sich schon – auch wenn das nicht unbedingt die gewünschte Feindbildpflege hierzulande unterstützt – die Frage stellen, wie es in Syrien, einem immerhin entwickelten laizistischen Staatswesen, dazu gekommen ist, dass fast das halbe Volk in so kurzer Zeit vor Assad, dem IS und in jüngster Zeit vor den westlichen und russischen Bombardements flüchtet.[2]

Schon der Vorgänger von Assad, sein Vater Hafiz al Assad, hat mit seiner Politik dazu beigetragen, dass *Syrien* für die USA ein Ärgernis war. Inzwischen haben sich für die westliche Führernation die Gründe für einen wie auch immer gearteten Interventionsbedarf, mit dem nach westlichen Maßstäben und für westliches Interesse in Syrien Ordnung gestiftet werden muss, vermehrt: Erstens hat sich Syrien unter der Herrschaft der Baath-Partei nie dazu verstanden, Land und Leute für die Interessen des kapitalistischen Westens bedingungslos zu öffnen. Glatt ist es dieser Regierung eingefallen, weder die Einnahmen aus Ölverkäufen mit Shell, Esso, BP etc. zu teilen, noch bei deren Verwendung bei den USA um Erlaubnis nachzufragen. Zweitens hat sie sich vielmehr mit diesen Einnahmen aufgerüstet und zwar nicht, um sich im Bündnis mit Israel um

---

[2] Siehe zur Entwicklung in Syrien: K. Leukefeld, Flächenbrand. Syrien, Irak, die arabische Welt und der islamische Staat, Köln 2015.

die Sicherung westlicher Ansprüche im Nahen Osten verdient zu machen, sondern – ganz umgekehrt – um eigene regionalpolitische Ziele auch gegen den Staat Israel zu verfolgen, der trotz mehrfacher einschlägiger UN-Resolutionen von der Annexion der syrischen Golanhöhen nicht Abstand genommen hat und jeden Parteigänger der palästinensischen Sache – in Syrien existieren große Flüchtlingslager für Palästinenser – mit seiner Feindschaft verfolgt. Drittens ist vor allem unter Assad dem Jüngeren der syrische Staat darangegangen, seiner Gesellschaft jenen entwickelten Zuschnitt zu verpassen, der es ihm erlaubte, sich nach »unseren« demokratischen Regeln zur Wahl zu stellen, und der heute dazu führt, dass der Westen Flüchtlinge ausgerechnet aus dem syrischen »Schurkenstaat« nach Ausbildung, Berufserfahrung und -einstellung durchmustert und Teile von ihnen für verwendbar erklärt. Viertens hat Syrien sich zu einer regionalen Bündnispolitik verstanden, die es gleich dem Verdacht des Antiamerikanismus ausgesetzt hat. Es hat im Staat Iran einen antiimperialistischen Verbündeten gefunden, mit dem sich die antiisraelische Abwehrfront formieren ließ. Fünftens schließlich – und auch dies in den Augen der USA ein außenpolitischer Sündenfall erster Güte –, hat Assad Russland weiterhin seinen militärischen Stützpunkt mit Seezugang eingeräumt und überhaupt die Beziehungen zur einstigen Weltmacht selbst nach deren Zurückstufung gar nicht eingeschränkt. Das US-amerikanische Fazit fiel angesichts dieser Bilanz eindeutig aus: Ein Syrien unter der politischen Führung Assads und seiner Baath-Partei galt als nicht mehr tragbar. Und Hillary Clinton, ehemalige US-Außenministerin, gab bereits früh die Parole aus, dass ohne Sturz der Assad-Regierung kein Frieden in der Region einziehen könne.

Da traf es sich für die USA und ihre Verbündeten vortrefflich, dass innenpolitische Auseinandersetzungen in Syrien eskalierten, sodass der Westen dort eine Fortsetzung der »Arabellion« ausrufen und sich innerhalb der Assad-Opposition jene Kräfte aussuchen konnte, die es nicht bei Reformforderungen an die Assad-Regierung belassen wollten. In bewährter Tour – »leadership from behind« – wurden die entsprechenden lokalen Milizen mit Waffen, Munition und guten militärischen Ratschlägen versorgt und dem Westen per öffentlicher Agitprop-Maschine vorgeführt, wie sich aus jedem Bemühen Assads, den Bürgerkrieg zu vermeiden – aus Gesprächsangeboten, Reformzugeständnissen, einem Angebot von Neuwahlen bis hin zur Aufhebung des Notstandsrechts –, dessen besondere Perfidie ableiten lässt. Der Bürgerkrieg ließ sich nicht aufhalten – und sollte auch gar nicht aufgehalten werden.

»Der Westen« nahm, als der innenpolitische Konflikt militärisch eskalierte und sich genug Kräfte fanden, die sich – durchaus auch aus eigenen Gründen – des von den USA vorgegebenen Ziels, des Sturzes von Assad, annahmen, schnell Gestalt an. Frankreich und Großbritannien beeilten sich, dem Vorgehen der USA eine UN-Legitimation zu verschaffen; sie scheiterten zwar regelmäßig am Veto von Russland und China, was aber die USA nicht daran hinderte, wieder einmal unbeirrt an ihrem Plan zur »Friedensstiftung« und zur »Volksbefreiung« in Syrien festzuhalten. Auch Deutschland war ab 2012 nicht mehr nur mit Feindbildpropaganda, sondern auch praktisch mit von der Partie. Es half, die Schwächung des Assad-Regimes durch Sanktionen und Embargos, die ihre Wirkung nicht verfehlten, voranzutreiben.[3] Zwar hielt sich Deutschland mit unmittelbar militärischen Eingriffen zurück; doch dass man über Potenzial verfügt, das zeigte man schon. Und so beteiligte man sich an der Stationierung von – inzwischen wieder abgezogenen – Patriot-Raketen an der syrischen Grenze in der Türkei; angeblich um den NATO-Partner Türkei vor syrischen Angriffen zu schützen. Das Dementi durch Assad interessierte dabei niemanden. Schutz gewährten diese Systeme schon, allerdings mehr jenen Kräften, die über die Türkei nach Syrien einsickerten, um sich dort einer der Milizen, vornehmlich dem IS, anzuschließen.

Der IS, selbst ein Mischprodukt aus Al-Kaida-Resten und sunnitischen Dschihadisten aus dem durch den US-Krieg zerstörten irakischen Staatswesen, sorgte und sorgt bis heute für neue Frontverläufe, ohne dass die militärisch-politischen Ziele der USA da-

[3] Die Embargos umfassen Rohöl- und Erdölerzeugnisse, Ausrüstungen für Ölindustrie, Kraftwerksbau, Internet- und Telefonüberwachung, Militärgüter, Finanzsanktionen, Finanzdienstleistungen und einiges mehr. Ende 2015, zu dem Zeitpunkt, als schon Friedensverhandlungen für Syrien eingeleitet worden waren, wurde übrigens die Verlängerung dieser EU-Maßnahmen von Brüssel beschlossen.

durch eine grundsätzliche Korrektur erfahren hätten. Mit ihm haben die Vereinigten Staaten in der Region allerdings einen *neuen* Feind dazu gewonnen. Der macht kein Hehl aus seiner *antiamerikanischen* und antiwestlichen Feindschaftserklärung, die er mit dem Kampf gegen alle diejenigen verbindet, die für ihn zu den Ungläubigen gehören. Militärisch durchgesetzte US-amerikanische Aufsichtsinteressen im Nahen Osten bewertet er als Kampf, der den Zweck verfolgt, den Islam auszulöschen, verwechselt dabei die imperialistischen *Zielsetzungen* der Weltmacht Nr. 1 mit ihren *Auswirkungen* auf die politische Rolle von ihm nahestehenden islamischen Religionsgemeinschaften und Staatskonzepten und sieht in dem von den USA gestützten Anti-Assad-Kampf auch nur die Fortsetzung eines Kreuzzuges der Vereinigten Staaten.

Der zum Krieg gewordene Bürgerkrieg hat längst fast ganz Syrien erfasst und schlägt in großer Zahl Menschen in die Flucht, die zunächst in Syrien selbst, schnell aber vor allem in den Anrainerstaaten Libanon, Jordanien und der Türkei, dann auch in Europa Schutz vor Bomben, Vertreibung, Gefährdung durch IS-Terroristen und vor den Folgen einer nicht nur durch den Krieg, sondern auch durch westliche Embargopolitik ruinierten syrischen Wirtschaft suchen. Dass große Teile des syrischen Volkes das Weite suchen, Syrien geradezu entvölkert wird, das war im Bemühen des Westens, sich als unumstrittene Aufsichtsmacht im Nahen Osten zu behaupten, so nicht eingeplant. Wie auch! Braucht es doch für die Etablierung einer gefügigeren Herrschaft im Nahen Osten ein Staatsvolk, das nicht nur, aber auch die Aufgabe zu erfüllen hat, die reibungslosere Durchsetzung von Westinteressen in der Region abzusichern. Der Westen hat diese Fluchtbewegung zunächst – eigentlich sogar bis ins Jahr 2015 – als *unumgängliches Kollateralprodukt* seiner Aufräumambitionen abgehakt und sie den Caritas-Organisationen der Welt überantwortet. Wozu wären die auch sonst da, als sich irgendwie um die Opfer zu kümmern, die der Imperialismus weltweit anrichtet?

■ *Somalia und das Horn von Afrika*

Wie ähnliche Opfer in *Afrika* produziert werden, soll *exemplarisch* an den Staaten bzw. staatlichen Zerfallsprodukten am Horn von Afrika, besonders an Somalia, gezeigt werden, einem Land, in dem mit Bürgerkrieg, Landflucht und Hungersnöten so Einiges zusammenkommt.

In den Berichten über die seit Jahren in der Region andauernde, eine Hungerkatastrophe nach der anderen auslösende Dürreperiode erfährt man viel über »La Niña«, die, wie es heißt, dem regenintensiven »El Niño« nachfolgt und nur Trockenheit bringt. Natürlich wissen westliche Schreiber, dass massenhafter Hungertod und eine bis heute anhaltende Flüchtlingsflut aus der Region nicht allein auf eine als ziemlich unbeherrschbar dargestellte Natur zurückgeführt werden können.[4] Weitere »Faktoren« werden benannt wie z.B. die in Somalia zerfallene Staatsmacht[5] – die sonst bekanntlich jedermann satt macht. Neben dem »Klimawandel«[6] werden falsche Bodendüngung, ungenügende Bewässerungsanlagen, Überweidung, unkontrollierte Rodung und andere angebliche *Versäumnisse* der Landwirtschaft aufgezählt; keine sehr überzeugende Argumentation, wenn als *Grund* für Hungersnot das *Scheitern ihrer Bekämpfung* ausgegeben wird. Aber man erfährt auch, dass die *Preise für Lebensmittel* in den letzten Jahren parallel zur Hunger-

---

[4] Lang anhaltende Dürreperioden gibt es auch in kapitalistischen Metropolen, z.B. in den USA. Das reduziert dort die Ernte und erhöht den Preis für Mais und Weizen auf dem Weltmarkt. Von Hungertod in der Region hört man nichts. Warum wohl?

[5] Islamische Milizen (Al-Shabaab), Clans und die vom Westen finanziell und mit Militärschlägen der US-Luftwaffe gestützte »Übergangsregierung« in Mogadischu liefern sich heftige Kämpfe, die den Staat zerlegen und das Volk zusätzlich in die Flucht treiben.

[6] Das Phänomen des Klimawandels entbehrt nicht einer gewissen Ironie. Wäre etwas an der Behauptung dran, dass das Ausbleiben von Regenperioden auf ihn zurückzuführen ist, dann stünden zwei Kollateralschäden des Imperialismus in einem Bedingungsverhältnis: *Klimawandel* bedingt per Dürre und Hunger oder – umgekehrt – im Gefolge von Überschwemmungen wie z.B. in Bangladesch *Flucht* und – um die perverse Logik komplett zu machen – schafft zugleich Grundlagen für den sich ausbreitenden *Terrorismus*, das dritte Kollateralergebnis des modernen Imperialismus.

not so sehr gestiegen sind, dass sie für all jene Somalier nicht mehr erschwinglich sind, die aus ihren Böden nichts mehr herausholen können, sofern sie denn überhaupt noch in der Lage sind, ihre Subsistenzlandwirtschaft zu betreiben. Es *gibt* sie also schon, die dringend benötigten Lebensmittel, mit denen sich Hunger lindern ließe, eingeführt aus Gegenden, in denen es mit der Bodendüngung und -bewässerung besser klappt. Der Sachverhalt, der mit der Erwähnung von Preissteigerungen in die Augen springt – nur eben den benennen große Tageszeitungen nicht –, ist der folgende: Wo Subsistenzproduktion nichts mehr für den täglichen Bedarf abwirft, da ist der Zugriff auf Lebensmittel nur mit *Geld* möglich. Diese kapitalistische Grundrechnung ist inzwischen bis in den letzten Winkel Afrikas durchgesetzt worden: Lebensmittel erfüllen dabei nur für die Menschen ihre Funktion als *Gebrauchsgegenstände*, die zuvor den Zweck der Händler-Eigentümer bedient, d.h. den Tausch der Dinge als *Waren gegen Geld* absolviert haben. Und zwar nur gegen eine Geldsumme, die in den Händler-Bilanzen zu schwarzen Zahlen führt; ganz so wie wir uns das hier zur schlechten Gewohnheit werden ließen. Weder der pure Nachweis eines Bedürfnisses noch die Präsentation von Hungersnot ist ein hinreichendes Argument, um die Wareneigentümer vor Ort zur kostenlosen Überlassung der Lebensbedarfe zu bewegen. Es ist der Zwang zum Kaufen gegen Geld aber erst der erste Schritt jener kapitalistischen Logik, die auch in Afrika ihren ökonomischen Tribut verlangt. Der zweite: Wer Geld braucht, aber über keine eigene Einnahmequelle verfügt,[7] der – und das ist in den Zentren des Kapitalismus ebenfalls nicht anders als in Somalia – muss jemanden finden, bei dem er für Geld arbeiten, also *Lohnarbeit* verrichten kann. Doch damit – und hier beginnt die entscheidende Differenz zwischen Ländern wie Somalia und den kapitalistischen Metropolen – tun sich hungernde Somalier deswegen schwer, weil diese Weltgegend gar nicht als *kapitalistische Volkswirtschaft* existiert. Es wird in diesen Ländern das

[7] Die Landwirtschaft in Somalia hat bzw. hatte zum größten Teil nur die Eigenversorgung zum Inhalt. Die Produktion von Überschüssen, besser: das Einsparen von Gütern bei der Eigenversorgung, um sie auf lokalen Märkten zu Geld zu machen, fand nur in geringem Umfang statt.

Leben nicht von einer Klasse von Unternehmern *bestimmt*, die dem von der Staatsmacht darauf vorbereiteten Staatsvolk das Geldverdienen in fremden Diensten als *Lebensperspektive* aufnötigt. Somalia ist, wie viele andere Staaten in der Region, zwar kein kapitalistisches Gemeinwesen, dennoch hat die kapitalistische Grundregel, nach der *Geld das erste Lebensmittel* ist, flächendeckende Gültigkeit – es sei denn, Raub und Plünderung beherrschen das Land. So ziemlich alles, was in Somalia gebraucht wird, kommt auch dort als *Ware* auf den Markt – z.B. vom Weltmarkt vorwiegend nach Mogadischu. *Flächendeckend ist also Geld für den Lebensunterhalt nötig. Nichts läuft ohne Geld, nur läuft eben dort das dafür nötige Geldverdienen nicht, und schon gar nicht flächendeckend.*[8] Das ist in Somalia, wie in zahlreichen anderen afrikanischen Ländern, der kapitalistische Grund für Hungersnöte und Massenflucht – und zwar im Angesicht funktionierender, prosperierender, überproduzierender Lebensmittelindustrien in den Metropolen.

Die Geldarmut in diesen Ländern ist also *absolut*. Fürs allgemeine Geldverdienen sind diese Länder nicht zugerichtet. Die Armut der Menschen dort hat nicht die Eigenschaft, die die einkommensabhängigen Massen hierzulande auszeichnet. Sie ist keine *nützliche*, sondern *überflüssige* Armut: Eigentumslose Arme werden von Unternehmen nicht für gewinnträchtige Lohn-Leistungs-Verhältnisse ausgenützt. Es gibt keinen landesweiten Bedarf von kapitalistischen Unternehmen an Lohnarbeit. Wer in Somalia überhaupt an Geld per Arbeit herankommt, der gehört schon zu den Privilegierten. Nur der kann einkaufen. Aber der bekommt dabei eine dritte Grundregel des Kapitalismus hautnah mit, nämlich eine des *Marktes*: Den gibt es zwar in Somalia ebenfalls nicht als ein über das Land verbreitetes Netz von Geschäftsgelegenheiten konkurrierender Warenhändler, die den Kunden das Geld aus der Tasche ziehen. Das ändert aber nichts daran, dass die Marktgesetze dennoch überall dort funktionieren, wo Gebrauchsgegenstände als Waren angeboten werden. Je größer, in diesem Fall: je

[8] Vgl. dazu: Wer ist hier zu viel? Vier Bemerkungen zur Weltbevölkerungskonferenz der UNO im September in Kairo, in: GegenStandpunkt, Heft 4/1994.

*dringender* die Nachfrage nach Lebensmitteln, desto *unerschwinglicher* werden sie für arme Schlucker, die irgendwie an ein paar Dollars oder Somalia-Schillinge herangekommen sind. Dabei zeigt sich der Markt zugleich als weise Einrichtung: Denn natürlich wollen die Händler ihre Waren verkaufen und zwar mit Gewinn. Ihr Zweck besteht nicht darin, sie hungernden Menschen ohne Geld *vorzuenthalten*. Jedoch wird einer ziemlich ausgedünnten Kundschaft über Preissteigerungen immer mehr Geld fürs Lebensnotwendige abgeknöpft.

Darüber wird auch aus der erwähnten falschen Bodenbearbeitung bzw. fehlenden Bewässerung ein Schuh: Alles, was die Kleinbauern an *Produktionsmitteln* brauchen, fällt nicht vom Himmel, sondern muss bzw. müsste von ihnen ebenfalls *eingekauft* werden. Doch wovon? Übrigens verhält es sich nicht so, dass es in Somalia und Äthiopien *keine lohnende* Landwirtschaft gibt. Es gibt sie großflächig – und zwar in Gestalt von riesigen Palmöl- und Kaffee-Plantagen, bisher vor allem geführt von saudi-arabischen, indischen, südkoreanischen und chinesischen Lebensmittelkonzernen, denen große Ländereien von Clan-Chefs, Chefs von dort agierenden Milizen oder von staatlichen Stellen langfristig verpachtet worden sind. Landgrabbing heißt das neuerdings. Dort funktionieren Bewässerung und Düngung hervorragend, was nicht daran liegen kann, dass »La Niña« um diese Gebiete einen Bogen macht. Die dort geernteten Waren bringen ihren Eigentümern auf dem Weltmarkt gutes Geld. Die Pachtflächen fehlen den einheimischen Bauern und Nomaden, die nicht selten verjagt, im wahrsten Sinne des Wortes »in die Flucht geschlagen«, seltener mit Geld abgefunden worden sind.[9] *Kapitalistische Erträge* werden in solchen Ländern also schon erwirtschaftet, gelegentlich fällt auch bezahlte Tagelöhnerarbeit für einige Einheimische ab – die Chinesen sind allerdings dafür bekannt, dass sie ihre Arbeitskräfte gleich mitbringen. Nur ergibt sich daraus in diesen Ländern keine »ursprüngliche

---

[9] Überdies bekämpfen sich Nomaden und Bauern dort gelegentlich gegenseitig schwer, weil Bauern auf knappem Weideland zu pflanzen beginnen und umgekehrt Nomaden die Anpflanzungen mit ihren Kamel-, Schaf- oder Rinderherden niedertrampeln.

Akkumulation« von Kapital, weil die auswärtigen Unternehmen, die dort arbeiten lassen, ihre Kapitalgewinne ins Ausland transferieren. Sie belassen die einheimische, von ihren Subsistenzmitteln getrennte, hungernde Bevölkerung vor Ort als *absolut Überzählige:* Nicht einmal als Reservearmee taugt sie dort, da es die »Armee«, als deren konkurrierende Reserve sie auf dem Arbeitsmarkt fungieren könnte, nicht gibt.

Bürgerkrieg, Landflucht und besonders Hunger sind in Somalia die entscheidenden Fluchtanlässe. Sie zeugen von der Ausbreitung kapitalistischer Gesetzmäßigkeiten über den Globus. Die bestimmen auch dort das Leben der Menschen, wo sich der Kapitalismus die *nationalen Lebensgrundlagen* überhaupt nicht vollständig unterworfen hat. Dass zudem in Staaten wie Somalia mit westlicher Einmischung – wie verhalten sie im Vergleich zu den Interventionen in Syrien auch sein mag – um die Staatsmacht gekämpft wird, verweist nur darauf, dass es inzwischen keinen Flecken Erde gibt, der für westliche Mächte *nicht* von irgendeinem Interesse wäre. Sich am Golf von Aden, immerhin einer entscheidenden Schifffahrtsroute nicht nur für den weltweiten Öltransport, um Souveräne zu »bemühen«, die westliche Sicherheitsinteressen bedienen, liegt für die Weltmächte und ihre Verbündeten auf der Hand. Sie haben es dabei in der Region zum einen ebenfalls mit »Terrormilizen«, der Al-Shabaab, zu tun, zum anderen – und das entbehrt nicht einer gewissen Ironie – mit *einer* Variante somalischer Flucht vor Hungertod und Bürgerkrieg: nämlich mit jenen Somaliern, die sich den *Piraten* anschließen. Diese rekrutieren sich nicht nur aus Fischern aus der Gegend, deren Fanggründe durch die internationale Schifffahrt und ausländische Fischtrawler ruiniert worden sind, sondern auch aus Somaliern, die ihrem Land entfliehen und in dem Erpresserwesen auf See eine Alternative zum Elend im Inland sehen.[10] Bekanntlich wird gegen die Piraten im Golf inzwischen militärisch

[10] Wer Freund von Zynismen ist, könnte hier einen Fall von »Gerechtigkeit« festhalten: Was der Kapitalismus in diesen Ländern an Lebensgrundlagen zerstört, das holen sich die Opfer per Abpressung von Lösegeld über Piraterie zurück. Dass diese »Umverteilung« nicht von Dauer ist, dafür haben Westmächte – darunter Deutschland – mit dem Einsatz ihrer Flotten im Golf von Aden gesorgt.

vorgegangen, was die Lage in der Region nicht sicherer und das Leben der Menschen dort nicht gemütlicher macht.

An der *Hungerhilfe*, die für Somalia mobilisiert wurde und wird, lässt sich zudem noch einmal belegen, wie Hilfe politisch instrumentalisiert wird: Natürlich haben die Hungerkatastrophen in Somalia die Welthilfsorganisationen auf den Plan gerufen. An ihrem Wirken lässt sich ablesen, dass selbst das elementare Versorgen Verhungernder, die zur Flucht nicht mehr in der Lage sind, nicht ohne Verfolgung imperialistischer Interessen abgewickelt wird. So sollen Welternährungsorganisationen, die von westlichem Geld abhängig sind, bei ihrer Arbeit in Somalia – *nicht erfüllbare* – Auflagen erfüllen: Die USA haben z.B. Geldzusagen für Hilfsgüter in einem Land, in dem islamische Milizen teilweise die Leitung von Lagern übernommen haben, an die *Bedingung* geknüpft, dass Hilfsgüter *nicht* den »Terroristen« in die Hände fallen dürften. An der menschenfreundlichen Begründung dafür durfte es nicht fehlen: Diese Milizen würden Nahrungsmittel doch nur verscherbeln und vom Erlös Waffen kaufen. Egal ob an dieser Behauptung etwas dran ist oder nicht, für Somalier in den Lagern muss das wie eine Drohung klingen: ›Entweder ihr wendet euch gegen die islamischen Milizen oder ihr verhungert!‹ Eine freundliche Alternative! Die treibt Somalier zusätzlich außer Landes. Entweder in die Lager Kenias oder gleich in die Hände von Schleppern, die ihnen den Weg nach Europa zu ebnen versprechen.

### ■ *Westbalkan*

Auf dem *Westbalkan*, aus dem sich in den letzten Jahren große Flüchtlingstrecks in Richtung Mittel- und Nordeuropa auf den Weg gemacht haben, ist die Sachlage vergleichsweise leicht zu fassen. Die *Armut*, der die Menschen aus dem Kosovo, Mazedonien, Montenegro und Bosnien-Herzegowina, also aus den Zerfallsprodukten des ehemaligen Tito-Staats Jugoslawien, und aus Albanien zu entkommen suchen, ist unmittelbares Resultat einer doppelten »Aufräumaktion« des Westens unter Führung und Anleitung zunächst der NATO und dann – bis heute – der europäischen Führungsmächte. Die Zerlegung Jugoslawiens nach Titos Tod, ein Anliegen separatistischer Nationalisten in Jugoslawien, die auf einmal in ihrer Beschwerde, von Belgrad als Region materiell nie genug berücksichtigt worden zu sein, den Grund für blutige Staatsgründungsprojekte entdeckten, spielte den EU-Mächten in die Karten. Denen war alles andere als wohl bei dem Gedanken, im Südosten des Kontinents einen sozialistischen Staat vorzufinden, der erstens hinsichtlich seiner Größe, zweitens hinsichtlich seiner bisherigen politischen und ökonomischen Verfasstheit und drittens hinsichtlich seiner geostrategischen Lage so gar nicht in ihr EU-Projekt passte. Mit diesem gedachten die führenden europäischen Staaten nämlich nicht nur über einen Binnenmarkt von beträchtlicher Größe und mit einer Einheitswährung den Weltmarkt zu erobern, sondern zugleich noch den ganzen – vom »Joch der SU« befreiten – Osten Europas, darunter lauter Nachbarstaaten Jugoslawiens, zu arrondieren. Klar war dem Westen deshalb: Dazu würde auf Dauer nur ein in europafreundliche Teilstaaten zerlegtes Jugoslawien passen. Die diesem Ziel verpflichtete Einmischung in den Bürgerkrieg der Jugo-Nationalisten fand statt als Kriegserklärung der NATO an Serbien, das nicht nur seine Ansprüche auf den Kosovo nicht aufgeben wollte, sondern sich darüber – nach entsprechender Entscheidungsfindung im westlichen Lager – zum *definitiven* Störenfried für die Regelung neuer Staatsgrenzen im alten Staatsgebiet entwickelte. Die EU präsentierte sich, mit der NATO im Rücken und der US-Luftwaffe als kriegsentscheidender Größe, als gewachsene Aufsichtsmacht, der die neu gegründeten Ex-Jugo-Staaten sich zuordnen sollten und auch wollten. Der *militärischen Befriedigung* dieser Balkanregion folgte deren *friedliche Eroberung* für das Europa-Projekt auf dem Fuß.

Und damit begann der zweite Akt des Aufräumens: Um aus den verstreuten Resten von Titos selbstverwalteter Wirtschaft taugliche Regionen für Kapitalanlagen zu machen, möglichst Staatsgebilde, die man unverzüglich in die EU eingemeinden konnte, wurde – wie nach der Annexion der DDR durch die BRD – die vorgefundene Wirtschaft dem europäischen Kapital zur Prospektion und Durchsortierung, zu Aufkauf und Stilllegung überlassen. Es verstand sich von selbst, dass die jeweiligen Beschäftigten gleich mit sortiert wurden, sich als ehemalige Mitglieder von Arbeiterselbstverwaltungen produktiver real-sozialistischer Unternehmen zu großen Teilen auf der Straße wiederfanden oder in den Angeboten von ihren neuen Herren, alles Eigentümer von Westkapital, kennenlernten, was es im neuen Hinterhaus der kapitalistischen Großmacht Europa zu tun, zu verdienen und zu stempeln gab. An die Grundregeln kapitalistischen Wirtschaftens hatten sich die neuen Staatsführungen nebst ihren neuen Völkern schnell angepasst und sich ziemlich umgehend selbst zum ersten Anliegen gemacht, was Brüssel von ihnen wollte: Teil der kapitalistischen Großmacht Europa zu werden und sich als Beitrittskandidaten darüber unwiderstehlich zu machen, dass man dem vergleichenden auswärtigen Kapital die Entscheidung überließ, für wie viel und für welche der Neubürger dieser Balkanstaaten es Arbeitsgelegenheiten und damit im Land selbst verdiente Lebensgrundlagen gab.

Darüber kam es, wie es kommen musste: Schon gleich mit dem Einzug des Kapitalismus in diese Staatsgebilde wurde sowohl für jene Armut gesorgt, die *mit* Lohn, als auch für jene, die *ohne* ihn auskommen muss. *Arbeitslosenquoten* zwischen 15 und 40%, von denen nicht nur ältere Arbeitskräfte, sondern auch Jugendliche in hohem Maße betroffen waren, und eine *Dauerarbeitslosigkeit,* an der sich seit Jahren nichts ändert, haben dann zu dem bekannten Exodus gen Norden geführt. Die kapitalistisch produzierte Überbevölkerung – es gab und gibt in den vom und für den Kapitalismus eroberten Standorten im Verhältnis zu Gewinnaussichten der Eigentümer vor Ort einfach zu viele Menschen, die auf Lohn angewiesen sind – suchte ihr Heil in der Flucht nach Österreich, Deutschland oder Schweden. Allerdings waren die Menschen aus dem Kosovo, Montenegro oder Albanien dort nicht etwa als *Arbeitssuchende* auf einem auch ihnen offenstehenden, freien europäischen Arbeitsmarkt unterwegs, sondern als *Flüchtlinge*.

Die Ursache für die Flucht aus dem Balkan ist also, wie gesagt, einfach zu benennen: Sie lautet *Europa*, genauer: Europas Interesse an Beitrittskandidaten zu seinen Konditionen, die für den weiteren Ausbau Europas zur Weltmacht nützlich sind. Natürlich waren in diesem Interesse die Fluchtbewegungen aus dem Südosten Europas ebenfalls nicht eingeplant. Doch nun kamen sie in großer Zahl als Asylsuchende ins Land, hatten einen vergleichsweise kurzen Weg »ins Paradies«, keine lebensgefährlichen Routen durch Wüsten oder über das Mittelmeer zu absolvieren – was ihre Anzahl erklärt. Dass Flüchtlinge *nicht gleich* Flüchtlinge sind, gleiche Armut, Not und gleiches Elend in den Zielländern keineswegs *gleich gilt*, haben diese Flüchtlinge aus dem Balkan schnell erfahren. Alles streng nach den Regeln des Asylrechts.

*

Es bleibt dabei: *Die ökonomischen und politischen Verhältnisse in den Ländern, aus denen die Flüchtlinge fliehen, sind immer in irgendeiner Weise das Produkt der Staaten, in die sie fliehen und deren Betreuung sie sich dann auch noch unterstellen.* Sie flüchten sich unter das Asylgrundrecht und die Genfer Flüchtlingskonvention.

## 4. Grundrecht auf Asyl

### Ein hohes Rechtsgut...

Bei *Flüchtlingen* hat sich herumgesprochen, dass man dann, wenn man deutsches Territorium erreicht, Asyl erhalten kann, und dass auch andere europäische Länder nach der Genfer Konvention den offiziellen Flüchtlingsstatus verleihen. Dass dies mit Antrag, Wartezeit und Einzelfallüberprüfung verbunden ist, also nicht jeder in seinem Asylbegehren bedient wird, wird ihnen ebenfalls nicht entgangen sein. Dennoch setzen sie natürlich darauf – was bleibt ihnen auch anderes übrig, wenn sie legal in Deutschland bleiben wollen –, dass ihnen Asyl zusteht.

Aus dem Umstand, dass das Recht auf Asyl als Grundrecht im deutschen Grundgesetz verankert ist, schließen viele Bundesbürger, dass es sich dabei um ein verfassungsmäßig nicht hintergehbares deutsches *Rechtsgut* handelt. Von ganz besonderem Wert soll es sein, weil es *Ausländern* unter deutscher Rechtshoheit zugestanden wird. Zudem gilt es als ein Stück Wiedergutmachung, das sich die Bundesrepublik nach 1945 angesichts der zahlreichen Migranten, die das Ausland nach ihrer Flucht aus Nazi-Deutschland aufgenommen hatte, schuldig gewesen ist. Dieses Asylrecht gilt bis heute als beredtes Zeugnis für die moralische Qualität der westdeutschen Nachkriegsdemokratie: Deutschland hätte es sich damit per Allerheiligstem, dem Grundgesetz, versprochen, Hilfsbedürftigen und Verfolgten eine Heimat zu bieten.[1]

---

[1] Da machen auch Linke keine Ausnahme. Ihr immer gleichlautender Kommentar zu allem, was den Flüchtlingen angetan wird oder auf der Flucht widerfährt, lautet: »Diese rassistische und menschenverachtende Politik *verstößt gegen das Grundrecht auf Asyl* und nimmt billigend in Kauf, dass Menschen auf ihrer Flucht sterben.« (AK Grenzen töten, grenzentoeten.blogsport.de, vom 11.1.2016) Ihr Ärger und ihre Wut sind nur allzu begründet, ihr Urteil über das Grundrecht auf Asyl dagegen nicht. Es sortiert ganz falsch zwischen »unmenschlicher Politik« und ihren *eigentlich* hochanständigen Rechtsgrundlagen, hält also Grundrechte gegen eine Politik, die sich in ihrer Praxis auf sie beruft, wenn diese Grundrechte passen, oder sie än-

### ... und sein politischer Gehalt

Das ist nicht einmal die halbe Wahrheit über das Grundrecht auf Asyl. Der Artikel 16 des Grundgesetzes sichert Flüchtlingen – in seiner ursprünglichen Fassung – erst einmal nur zu, einen entsprechenden *Antrag* stellen zu *dürfen*. Wer es auch ohne Einreiseerlaubnis bis aufs deutsche Territorium geschafft hat, der besitzt – paradoxerweise – damit den *Rechtsstatus* des *Asylantragsberechtigten*. Er darf Asyl beantragen und erhält es, wenn er die Behörden davon überzeugen kann, dass er »politisch Verfolgter«[2] ist. Mit dem Antrag sichert Deutschland ihm den *Schutz* des hiesigen *Staates* zu. Unter seiner Obhut stehen »Verfolgte« in der Zeit, in der der Antrag bearbeitet wird, und auch noch danach: Bei der Abschiebung bis zur Grenze und bei der Asylgewährung genau solange, wie es in der Zusage fixiert ist. Gewährt wird Schutz vor Verfolgung oder Bestrafung durch den *Herkunftsstaat*. In Deutschland darf der all das *nicht*, was er zuvor mit den Flüchtlingen angestellt hat. Diese Negativbestimmung ist nicht etwa albern, wo doch hier ohnehin alles deutscher Hoheit untersteht, sondern nicht ohne. Denn der Geflüchtete ist Ausländer, Bürger eines fremden Staates, der die *Hoheit* über ihn beansprucht, egal wo er sich gerade aufhält.[3] *Das Asylgrundrecht entzieht dem Verfolgerstaat diese Befugnis über seine Bürger,* was einigen von denen gar nicht gefällt. Alles was dieser Schutz *positiv* einschließt, das ist dem Asylgesetz, dem Asylbewerberleistungsgesetz, dem Asylverfahrensbeschleunigungsgesetz zu entnehmen und allem, was regelmäßig an weiteren »Asylpaketen« hinzukommt, mit denen Lücken in der staatsdienlichen Behand-

---

dert, wenn sie nicht mehr passen. Das soll dieses Kapitel zeigen, aber auch, dass das Asylgrundrecht seinen *imperialistischen Kern* bei allen Änderungen, die es erfahren hat und die erneut in der politischen Diskussion sind, beibehält.

[2] Eigentlich müsste es genauer »politisch verfolgte *Ausländer*« heißen, damit nicht im Inland politisch Verfolgte, die es ja auch geben soll, auf die Idee kommen, beim Verfolger Asyl zu beantragen.

[3] Dies ist der harte Gegensatz des Asylrechts zum Ausländerrecht (neuerdings Aufenthaltsgesetz genannt), das diese Hoheit immer noch anerkennt, dafür darauf pocht, dass das Gleiche auch umgekehrt gilt. Belege dafür sind z.B. Entführungen Deutscher im Ausland.

lung von Flüchtlingen geschlossen werden sollen. Dagegen hat der Asylant alles, was sein Leben nach positivem Bescheid bestimmt, in erster Linie dem Bürgerlichen Gesetzbuch zu entnehmen. Allerdings nehmen die gesetzlichen Regelungen für Asylbewerber an den Interessen der Flüchtlinge genauso wenig Maß wie das Bürgerliche Gesetzbuch an denen der Einheimischen. Allen wird mit den Rechten immer gleich ein Kanon von Pflichten auferlegt, der sicherstellen soll, dass sie ihr Leben im Einklang mit den Zielen ihrer Obrigkeit organisieren.

Bei genauer Betrachtung ist das Asyl*recht* ohnehin weniger ein Recht, das man wahrnehmen oder ablehnen kann, als eine *Verpflichtung*: Für Flüchtlinge, die es bis auf deutschen Boden geschafft haben, ist es eine *unumgängliche Notwendigkeit,* einen entsprechenden Antrag zu stellen. Denn wer hier Zuflucht sucht und den Antrag auf Asyl *nicht* stellt, wer es *unterlässt,* sich bei den entsprechenden Behörden – bei der Polizei oder den Außenstellen des BAMF (Bundesamt für Migration und Flüchtlinge) – möglichst umgehend zu melden, der verwirkt den Schutzanspruch, bleibt Illegaler und muss ständig mit seiner Abschiebung rechnen. Diese Verpflichtung schließt ein, sich den Vorschriften des Verfahrens – wie Registrierung, Erstaufnahmelager, Verteilung auf die Bundesländer, Unterbringung, Taschengeld, Residenzpflicht, Arbeitsverbot etc. – zu unterziehen. Leicht machen die Behörden den Migranten die Wartezeit bis zur Entscheidung über den Antrag nicht. Das haben sie aber auch gar nicht vor. Trotz der Erleichterungen, die an dieser Front in den letzten Jahren vor allem aus Gründen der Kostenreduzierung beschlossen wurden,[4] wird auf Eines Wert gelegt: Flüchtlinge sollen von Anfang an merken, dass sie geflüchtete Ausländer, unerwünscht Eingereiste, erst einmal nur Geduldete sind, die dem hiesigen Staat allein Kosten und logistische Mühe bereiten. Es soll in den Lebensumständen des Aufnahmelagers immer noch die Funktion der *Abschreckung* erkennbar sein. In dieser Zeit, in der jeder Asylbewerber einen neuen Rechtsstatus erhält, den der »Aufenthalts*gestattung*«, besteht sein Schutz dann auch

[4] So wird Asylbewerbern neuerdings schon (!) nach drei Monaten die Aufnahme einer Beschäftigung gestattet (§ 61 AsylG).

aus nichts anderem als aus *Kontrolle* und *elementarer Existenzsicherung* im Wartezustand.

Das ist aber nur die eine Seite des Grundrechts auf Asyl: Es muss zudem in allen Verfahren und deswegen auch per *Einzelfallüberprüfung* ermittelt werden, ob sich der Heimatstaat der *»politischen Verfolgung«* seiner geflüchteten Bürger schuldig gemacht hat. Darüber befinden hiesige Behörden und Gerichte – natürlich immer im Bewusstsein des jeweils außenpolitisch Angesagten. *Es ist eine Richterrolle über die Innenpolitik eines anderen Staates, die sich der deutsche Staat mit dem Art. 16 Grundgesetz (GG) heraus- und ganz selbstverständlich in Anspruch nimmt.* Er mischt sich in Belange des *fremden* Souveräns ein und sorgt mit der Wahrnehmung dieser Richterrolle für eine *Sortierung der Staatenwelt* nach Verfolgerstaaten und Nichtverfolgerstaaten; all dies zunächst nur *ideell*, das heißt aus der Distanz der deutschen Behörden heraus. Damit werden Flüchtlinge, ob sie wollen oder nicht, zu Kronzeugen der politischen Beurteilung ihrer Heimatstaaten durch Deutschland gemacht. Das ist die andere Seite der Schutzmachtfunktion des Asylgrundrechts: Den Menschen in Not wird mitgeteilt, dass sich Deutschland mit dem Asylrecht zugleich das *Recht* herausnimmt, über das Heimatland nach ganz eigenen Kriterien politisch zu richten.

Den deutschen Behörden, die auf Antrag über die *»politische* Verfolgung« zu befinden haben, geht es dabei erst einmal nur um *eine* Frage: Wie geht die *Staatsgewalt* des Heimatstaates der Flüchtlinge dort mit seinen Bürgern um? Allein das Verhältnis der *Staatsgewalt zum Volk* unterliegt der behördlichen Prüfung. Was außerhalb des staatlichen Zugriffs, z.B. im privaten Bereich, passiert, hat die Behörden nicht zu interessieren. »Politische Verfolgung« liegt nach Art. 16 GG vor, wenn in der staatlichen Handlung »Verfolgung, unmenschliche oder erniedrigende Bestrafung oder Behandlung« nachgewiesen werden kann. All das fällt unter »Verfolgungs*handlungen*«. Die wiederum werden sorgfältig von den »Verfolgungs*gründen*« unterschieden. Diese »Gründe« beziehen sich auf »Rasse, Religion, Nationalität, soziale Gruppen, politische Überzeugungen« und neuerdings auch auf »sexuelle Orientierung« (§ 3b AsylG). Früher oder später taucht regelmäßig im Katalog der

»Verfolgungsgründe« des Asylgesetzes oder in den »Allgemeinen Bestimmungen« (Art. 1 A) der Genfer Konvention auf, was neu in den Egalitätskatalog der *kapitalistischen Metropolen* Eingang gefunden hat. Da haben sich weder eine Ethikkommission noch eine Kirche etwas Neues einfallen lassen, vielmehr hat die Aufnahme neuer Kriterien ihre Grundlage in einem politischen Befund über den überholten bis störenden Charakter von Egalitätsverstößen in der bürgerlichen Gesellschaft. Wo etwa Frauen als gleichberechtigte Arbeitskraftreserve brauchbar sind, und zwar auf allen Stufen der Berufshierarchie, da gilt die Gleichberechtigung zwischen »Frauen und Männern« bald als hoher Wert; und wo befunden wird, dass Homosexualität weder eine Krankheit noch eine andere Naturanomalie darstellt, vielmehr Homosexuelle ihren Bürgerpflichten bis hin zur Familiengründung ebenso brav nachgehen wie Heterosexuelle, da gehört es dann irgendwann auch zur »deutschen Leitkultur«, gegenüber jeder »sexuellen Orientierung« tolerant zu sein.[5]

Im Asylprüfverfahren wird dabei nur untersucht, ob »gesetzliche, administrative, polizeiliche oder justizielle Maßnahmen (...) unverhältnismäßig oder diskriminierend« sind, wie es im Asylgesetz in weiterer Präzisierung der »Verfolgungshandlungen« (§ 3a [2]2ff.) heißt. Deswegen fallen auch »physische oder psychische Gewalt, einschließlich sexueller Gewalt« (§ 3a AsylG), nur unter »politische Verfolgung«, wenn dem *Staat* und seinen Organen solche »unverhältnismäßige« *Gewalt gegenüber den Bürgern* nachgewiesen werden kann. Das ist deswegen bemerkenswert, weil diesem Untersuchungsgegenstand zu entnehmen ist, dass der bürgerliche Staat gegenüber dem Volk gar nicht ohne Gewalt funktioniert, er diese eben nur »gerecht«, »menschlich«, »verhältnismäßig« einzusetzen hat. Kurz: Bei der Wahrnehmung der Befugnis, im Umgang mit seinem Volk Gewalt auszuüben, hat er sich an das Recht und die Gesetze zu halten, die er sich selbst erlässt. Geprüft wird in dem Verfahren folglich, ob in etwa jenes Verhältnis zwischen

---

5 Das haben selbst CDU und CSU in den Katalog der Werte »deutscher Leitkultur« aufgenommen. (Vgl. dazu auch im Kapitel 8, S. 106ff., den Abschnitt über Integrationskriterien.)

Staat und seinem Volk vorliegt, das *bei uns* herrscht und das leider als Selbstverständlichkeit so Einiges unterstellt: Erstens muss gesichert sein, dass sich ein ordentliches Volk mit seinen Lebensinteressen unter der gewaltbewehrten Rechtsherrschaft des Staates einordnet. Diese hat zweitens gerecht zu sein, darf weder »unmenschlich noch erniedrigend« verfahren, kommt es doch darauf an, dass das Volk kontrafaktisch im Rechtssystem sein Mittel und im Rechtsstaat die Schutzmacht für seine Interessenverfolgung entdeckt. Wenn dann noch drittens »alle Macht vom Volk ausgeht«, welche selbstredend dabei immer am besten in den Händen jener gewählten Staatsvertreter aufgehoben ist, die am klarsten die Identität von Allgemeinwohl, in das immer das eigene Wohl hineingedacht wird, und nationalen Zwecken definieren und durchsetzen können, dann ist viertens das Verhältnis von Staatsgewalt und Staatsbürgern so eingerichtet, dass das Volk aus freien Stücken sein Werk als produktive Ressource staatlicher Interessen verrichtet und sogar selbst nach der Staatsgewalt ruft, wenn es sich in der Konkurrenz ungerecht behandelt fühlt. Umgekehrt bedeutet dies, dass »politische Verfolgung« *nicht* vorliegt, wo per rechtsstaatlicher Gewaltausübung ungefähr so wie hier für klare und nützliche Verhältnisse zwischen Eigentümern und Nichteigentümern, zwischen Machthabern und Wählern, zwischen Befehlenden und Befehlsempfängern gesorgt wird.

Kurz, der *Maßstab*, der in der Asylprüfung an fremde Staatlichkeit angelegt wird, ist den Verhältnissen entnommen, nach denen der staatlich betreute Kapitalismus *hier* funktioniert und sich mit dem Etikett *zivil* auszeichnet. Das hat etwas für sich, denn die Unterschiede zwischen dem Einsatz der Staatsgewalt in der Demokratie und in den Heimatstaaten von Flüchtlingen liegen auf der Hand. Hier eine kurze Nachhilfe: So hat die hiesige Staatsgewalt die Todesstrafe abgeschafft und Folter als unmenschlich unter Strafe gestellt. Sie begnügt sich mit der viel zivileren Form, den Willen zu brechen, nämlich mit dem Wegsperren von Menschen, das im Extremfall lebenslang andauert. Oppositionelle werden hier nicht umgebracht, sondern ganz zivil als Machtkonkurrenz oder als politisch untragbare Organisation aus dem Verkehr gezogen. Das heißt, sie werden entweder als Partei eingeladen, sich an der parlamentarischen Konkurrenz nach Regeln zu beteiligen, die die Herrschaft der staatstragenden Parteien sichern sollen, oder von den Organen der Meinungsfreiheit dadurch unschädlich gemacht, dass sie das pluralistische Spektrum der Meinung der Herrschenden als herrschende Meinung durchsetzen. Einige Parteien werden regelmäßig verboten, was in der Demokratie mit hinreichender Öffentlichkeitsarbeit einhergehen muss. Die Notwendigkeit einer solchen Maßnahme bedarf einer überzeugenden Begründung, könnten sich doch sonst einige Bürger daran erinnern, dass diese Praxis ein bewährtes Instrument der Machterhaltung in der Nazizeit war, oder auch daran, dass so etwas in afrikanischen oder südamerikanischen Diktaturen an der Tagesordnung ist. Da darf nichts durcheinander kommen, haben wir doch gelernt, dass sich Diktatur und Demokratie als Herrschaftsformen ausschließen. Deswegen hat sich die Demokratie hierzulande auch sehr schwer getan, als sie die Erlaubnis zur Durchsetzung diktatorischer Maßnahmen im Grundgesetz verankert hat.[6]

Wie die *Privatsubjekte*, z.B. solche aus der Wirtschaft, und wie andere *Privatleute* mit den Geflüchteten umgehen, welche Gewalt Frauen oder Heranwachsenden in Familien angetan wird, welche *privaten* Formen von »unmenschlichen und erniedrigenden« Exzessen im Clan oder im Stamm üblich sind, zählt in dem Asylverfahren laut Art. 16 GG nicht, *weil* es sich *privat* ereignet. Punkt, Schluss! Bekanntlich ist der Mensch im Privatbereich sein eigener Herr und selbst verantwortlich für alles, was er da so treibt. Treibt er es dort allerdings doch mal zu toll, gibt es immer noch den Rechtsstaat, bei dem jede private Gewalt unter die Strafverfolgung fällt. Folglich ist die Unterbindung oder Ahndung von Privatgewalt in der Rechtsprechung jeder *ordentlichen Herrschaft* in guten Händen. Der kleine Widerspruch, dass man gerade dann, wenn ein Asylbewerber als »politisch Verfolgter« identifiziert ist, davon ausgehen muss, dass im Heimatstaat von der bei uns existierenden ordentlichen Herrschaft nicht die Rede sein kann, dürfte

[6] Vgl. die Notstandsgesetze im Grundgesetz, mit deren Verabschiedung 1968 eine ganze Reihe von Grundgesetzartikeln, darunter Grundrechte, »angepasst« wurden.

weniger den Behörden als eher den Anwälten auffallen, an die sich abgelehnte Asylbewerber wenden, wenn sie das ihnen hier ebenfalls erlaubte Widerspruchsrecht gegen eine Behördenentscheidung wahrnehmen. Die Entscheidung wird in solchen Fällen nicht einem rechtsphilosophischen Kolloquium über das Thema »Privatheit und Staat im bürgerlichen Rechtssystem« überantwortet, sondern von Gerichten getroffen, die im Asylrecht (§ 3c AsylG) unter dem Titel »Akteure, von denen Verfolgung ausgehen kann«,[7] in der Regel alles für ihr Urteil Notwendige finden. Bei Unklarheiten hilft das Außenministerium.

Dass es in den Prüfverfahren ebenfalls *nicht* darum geht, wie es den Menschen unter fremden Herrschaft *materiell* ging, ob und wie sie ihren Lebensunterhalt sichern konnten, ob und wie sie untergebracht, ausgebildet oder medizinisch versorgt waren, liegt laut Asylgrundrecht auf der Hand. Immer wird allein untersucht, ob der Verfolgerstaat seine Sache als Recht setzende und ausübende Gewalt ordentlich gemacht, sprich: ein Minimum dessen hinbekommen hat, was hiesige Staatsgewaltausübung ausmacht.[8] Für das Asylverfahren gehört die materielle Lebenslage nur unter das, was man selbst aus den Chancen macht, die einem in der jeweiligen Wirtschaftsordnung eingeräumt werden. Materielle Verelendung fällt in den Bereich der *privaten* Chancenverwertung per individueller Anstrengung. Es offenbart einmal mehr die Härte des Sortierungskriteriums im Art. 16 GG, wenn Menschen, die aus *ökonomischen* Verhältnissen fliehen, welche ihnen keine rechte Lebenschance bieten, der berechtigte Fluchtgrund abgesprochen wird.

---

[7] Dort heißt es: »Die Verfolgung kann ausgehen von 1. dem Staat, 2. Parteien oder Organisationen, die den Staat oder einen wesentlichen Teil des Staatsgebiets beherrschen, oder 3. nichtstaatlichen Akteuren, sofern die in den Nummern 1 und 2 genannten Akteure einschließlich internationaler Organisationen erwiesenermaßen nicht in der Lage oder nicht willens sind, im Sinne des § 3d Schutz vor Verfolgung zu bieten, und dies unabhängig davon, ob in dem Land eine staatliche Herrschaftsmacht vorhanden ist oder nicht.«

[8] Dazu gleich mehr bei der Erläuterung der Asylrechtsreform, die die »sicheren Herkunftsstaaten« eingeführt hat.

## Politischer Asylrechtsgebrauch im Kalten Krieg

Das Grundrecht auf Asyl lädt Flüchtlinge weder ein noch aus. Es stellt *für sich* die Grundlage für ein *innen*politisches Prüfverfahren dar, das es in sich hat. Damit ist immer ein weitergehender Gebrauch eingeschlossen, der jedoch ganz in die *außen*politische Justierung von *Flüchtlingspolitik* fällt. Ob mit den Urteilen über »politische Verfolgung« und der darin enthaltenen Richterrolle über Verfolgerstaaten mehr verbunden ist als die *Begründung von Urteilen* über berechtigtes oder unberechtigtes Asylbegehren von Flüchtlingen, ob daraus Ansprüche an die Fluchtstaaten abgeleitet werden, Einmischung in ihre Belange eingeleitet wird, das ergibt sich aus der – durchaus grundrechtsadäquaten – *Instrumentalisierung des Art. 16 für Außen- und Flüchtlingspolitik* und damit letztlich aus der *Macht*, die hinter dieser Außenpolitik steht.

Die innenpolitische Sortierung von Flüchtlingen durch das Asylgrundrecht und seine außenpolitische Benutzung haben sich in Deutschland in der Vergangenheit fruchtbar ergänzt. Bereits die Väter des Grundgesetzes lieferten in ihren Beratungen eine Steilvorlage für eine politisch korrekte Handhabung des Asylgrundrechts. (Siehe Kasten, S. 48f.) Flüchtlinge aufzunehmen, die wegen sozialistischer oder kommunistischer Praxis verfolgt wurden, also *Feinden der Demokratie* Asyl zu gewähren, das sollte von Anfang an verhindert werden. Dagegen wollte man den *Feinden totalitärer Staaten* – wie damals kommunistische und faschistische Staaten ungeachtet ihrer antagonistischen Zwecke zusammengefasst bezeichnet wurden – bei Verfolgung auf jeden Fall per Asyl Unterschlupf gewähren. Allerdings wurde Westdeutschland nie eine Heimstatt für Feinde faschistischer Regime. Verfolgte aus diesen Staaten zog es aus nachvollziehbaren Gründen eher in die DDR.[9] Darüber waren die westdeutschen Behörden kein bisschen traurig,

---

[9] »Auch dort (in der DDR) konnte man als Asylsuchender oder politischer Flüchtling eine Zuflucht finden. Von der Staatsgründung 1949 an wurden Flüchtlinge in der DDR aufgenommen, vor allem aus Griechenland, Spanien und Chile. Damals gab es dort noch Bürgerkriege, und der hauptsächliche Grund für die Asylaufnahme war die politische Verfolgung von Kommunisten in diesen Ländern. Auch Bürgern aus anderen Staaten oder Staatenlosen, die – wie es hieß – für die Demokratie oder den Frieden

**Das alte Anliegen der Asylpolitik**

Seit der Debatte über den Art. 16 im Parlamentarischen Rat im Jahre 1948/49 steht fest, dass mit ihm Deutschland natürlich keinen Schaden nehmen, sondern sich umgekehrt den einen oder anderen diplomatischen Zugewinn erhoffen darf. Der Art. 16 Absatz 2 Satz 2 des Grundgesetzes formuliert in Verbindung mit Art. 19, Absatz 4 GG (Rechtswegegarantie) einen individuellen Asylrechtsanspruch ausschließlich für politisch verfolgte Ausländer. Die Motive der Verfassungsväter – es waren wirklich nur Väter – für diesen Artikel mögen vielleicht durch die Erfahrungen der Verfolgten des Nationalsozialismus mit geprägt gewesen sein. Einige dieser Väter waren selbst Exilanten. In allen Verhandlungen des Parlamentarischen Rates über diesen Grundgesetzartikel stand jedoch allein die Sorge im Vordergrund, wie denn verhindert werden könnte, dass Menschen den Artikel für sich in Anspruch nehmen, die »nach ihren Grundsätzen undemokratisch sind«. Der CDU-Politiker v. Brentano gab zu bedenken:

*»Es geht mir aber zu weit (...), daß wir generell dem politisch Verfolgten das absolute Asylrecht geben. Ich sehe keinen Grund dafür ein, daß etwa Ausländer, die aus ihrer Heimat nach Deutschland gekommen sind, weil sie sich in ihrer Heimat aktiv gegen die Demokratie eingesetzt haben, in Deutschland unbedingt ein Asylrecht haben sollen.«*[1]

Der Vorsitzende, Carlo Schmid, beruhigte ihn und zwar gleich in mehrfacher Hinsicht: Er wies einerseits darauf hin, dass das Asylrecht keineswegs den Genuss »der Freizügigkeit« einschließe, dass folglich das Risiko, sich bei absolutem Asyl »gegebenenfalls in der Person geirrt zu haben«, durch die Polizeiaufsicht gering gehalten würde, der die Asylbewerber unterstünden. Denn die hätte die Aufgabe, »den aufnehmenden Staat zu schützen«. Zum anderen würde das Asylrecht die völkerrechtlichen Regelungen über die Auslieferung von »politischen Attentätern«, »politischen Verbrechern« und sonstigen »strafrechtlich Verfolgten« nicht außer Kraft setzen. Und schließlich

[1] Parlamentarischer Rat. Verhandlungen des Hauptausschusses, Bonn 1948/49, Bd. 2, Bonn o.J., S. 582.

waren sich die Räte von CDU bis KPD einig, dass es im befreundeten Ausland kaum verstanden würde, wenn Deutschland im Jahre 1948/49 das Asylrecht noch restriktiver fassen würde, als jene Staaten es für sich formuliert hatten, die von einer »Welle« von politisch Verfolgten aus Nazi-Deutschland heimgesucht wurden.[2]

Aus: Freerk Huisken: Nichts als Nationalismus: Deutsche Lehren aus Rostock und Mölln: Ein antirassistisches Tagebuch. Hamburg 1993, S. 58f.

2 Vgl. atom-Sondernummer »Kein schöner Land ...«, 1992, S. 30ff.

standen doch Antifaschisten zugleich im Verdacht, dem US-amerikanisch gesponserten westdeutschen Kapitalismus wenig freundlich gegenüberzustehen.

Die meisten Flüchtlinge, die in den Zeiten des Kalten Krieges in Westdeutschland um Asyl nachsuchten, wurden wegen ihrer politisch wenig ergiebigen Herkunft öffentlich kaum zur Kenntnis genommen. Sie tauchten unter, wurden stillschweigend geduldet oder abgeschoben. Ganz anders wurde dagegen mit Asylbewerbern verfahren, die aus der *Sowjetunion* (SU), den GUS-Staaten oder aus anderen, der kommunistischen Staatsdoktrin verdächtigen Staatsgebilden kamen. Diese Asylanten wurden zum Politikum erklärt. Zu zweifelhafter Berühmtheit gelangten dabei die sogenannten Dissidenten mit ihrem offenen oder heimlichen, aktiven oder passiven, politischen, lyrischen oder literarischen Widerstand gegen das »System der SU«. Ihr Widerstand hatte sie in den Rang von Freiheitshelden befördert, denen das Asyl als »politisch Verfolgte« sicher war. Hatte doch die SU dem Westen den Gefallen getan und ihre innenpolitische Opposition nicht gleich zur Übernahme der Regierungsgeschäfte eingeladen – wie das bekanntlich westliche Demokratien mit Kritikern bzw. Systemfeinden machen. Weswegen die SU als Unrechtsstaat gebrandmarkt

kämpften, wurde Asyl gewährt.« (www.mixstory.de/migrationsgeschichte-in-der-ddr.html)

wurde, der eigentlich kein Existenzrecht besaß. Jeder Bürger der SU, der, aus welchen Gründen auch immer, in die Schusslinie der Sowjetführung geriet, war damit Botschafter des westlichen Wertesystems auf feindlichem Territorium, ob er wollte oder nicht; und er reifte in dem Maße zum Helden, wie er litt und seine Leiden im Westen als Beweis der Bösartigkeit des Sowjetsystems veröffentlicht werden konnten.

Die Einzelfallprüfung konnten sich die deutschen Behörden bei diesen Antragstellern weitgehend sparen. Ihre *Herkunft* aus Feindesland belegte hinreichend, dass »politische Verfolgung« vorlag; wie auch umgekehrt jede »unmenschliche Behandlung« von Oppositionellen durch Sowjetbehörden das Feindbild »Kommunismus« weiter bestätigte. *Bereits vor* jeder Prüfung eines solchen Asylantrags hatte die Richterrolle der deutschen Behörden *mit der westlichen Feindschaftserklärung an die SU* jene klare außenpolitische Ausrichtung erhalten, die die Väter des Grundgesetzes bei der Formulierung des Asylparagraphen im Auge hatten. Die deutsche Asylpolitik stand klar im Dienste des Kalten Krieges. Die Hetze gegen die SU, die in jedem geflohenen Dissidenten ihr Material erhielt, verfolgte zusätzlich die Absicht, über das Abwerben von Volksteilen das Verhältnis von Führung und Volk zu erschüttern. Das Programm der Einmischung war also im Falle der Verurteilung der SU nicht mehr nur ideell. Es versuchte *praktisch* beim Gegner Wirkung zu erzielen. So ging denn diese Asylgewährung gelegentlich mit Schlepper- und Schleuserprogrammen, damals Fluchthilfe genannt, mit Freipressungen, geheimdienstlichen Interventionen und auch schon mal mit klandestiner Militärhilfe an Oppositionelle einher. Den Ruf des Art. 16 GG, Schutz und Hilfe für von Staaten Bedrängte zu sein, hat das nicht ruiniert.

## Asylrechtsreform 1993: Art. 16a GG

Waren die geflohenen Dissidenten wegen ihrer antikommunistischen Zeugenschaft als Überläufer *erwünscht* – solange es nicht zu viele wurden –, so änderte sich das vor allem in den 1980er Jahren und Anfang der 90er Jahre. Neben den Flüchtlingen aus dem Ostblock und aus Jugoslawien, das ab 1990 zunehmend per westlich gestütztem Bürgerkrieg aufgelöst wurde, waren es vor allem

Flüchtlinge aus der sogenannten Dritten Welt, die damals »das deutsche Boot« bekanntlich fast zum Kentern brachten. Es war dies die Geburtsstunde der Begriffe »Scheinasylant«, »Asylschmarotzer« und »Wirtschaftsflüchtling«. Flüchtlinge aus diesen Weltgegenden, gar in solchen *Massen,*[10] wollte man in der Bundesrepublik einfach nicht haben. Mit ihrer Aufnahme ließ sich weder eine passende politische Botschaft verbinden, die Einmischung in Herkunftsstaaten verlief ohnehin auf anderen Wegen, und auch anderweitige Brauchbarkeit ließ sich nicht feststellen – zumal in der Zeit die Arbeitslosigkeit im vereinten Deutschland gerade mit offiziell gezählten mehr als 2,5 Mio. neue Rekordzahlen erreichte. Die über ein Jahrzehnt laufende Debatte über eine dringend notwendig gewordene »Reform« des Grundrechts auf Asyl führte 1993 folgerichtig per Beschluss einer sehr großen Koalition und unter Protest von »der Straße« zum Ersatz des Artikels 16 durch den *Artikel 16a GG* (siehe Kasten, S. 52).[11]

Der sollte über zwei Mechanismen für nichts anderes als die *Eindämmung* des unerwünscht anschwellenden Flüchtlingszustroms sorgen. *Zum einen* ist zu diesem Zweck in Art. 16a (2) die sogenannte *Drittstaatenregelung* eingeführt. Die besagt, dass Flüchtlinge sich in Deutschland nicht auf das Asylgrundrecht berufen können, die durch solche Länder innerhalb und außerhalb der Europäischen Gemeinschaft nach Deutschland *eingereist* sind, welche die Abkommen über die Rechtsstellung von Flüchtlingen unterzeichnet haben. Das betrifft in erster Linie EU-Staaten wie Griechenland, Italien oder Spanien. Ernst genommen hieße dieser Passus, dass der § 16a (1) eigentlich nur noch von Flüchtlingen, die

---

[10] Waren es 1983 noch ca. 35.000 Asylbewerber, so verzeichneten die Behörden knapp zehn Jahre später eine »Flut« von ca. 440.000 Flüchtlingen. (K. Bade, J. Oltmer, Flucht und Asyl 1950-1989, Dossier Migration, Bundeszentrale für politische Bildung (Hrsg.), 15.3.2005, www.bpb.de/gesellschaft/migration/dossier-migration/56435/flucht-und-asyl-1950-1989.

[11] Vgl. dazu: F. Huisken, Nichts als Nationalismus. Deutsche Lehren aus Rostock und Mölln. Ein antirassistisches Tagebuch, Hamburg 1993. Das Buch ist vergriffen, aber die 2. Auflage von 2001 als Download zugänglich: www.vsa-verlag.de/uploads/media/Huisken_Deutsche_Lehren_aus_Rostock_und_Moelln.pdf.

**Grundgesetz, Artikel 16a im Wortlaut**

»(1) Politisch Verfolgte genießen Asylrecht. (2) Auf Absatz 1 kann sich nicht berufen, wer aus einem Mitgliedstaat der Europäischen Gemeinschaften oder aus einem anderen Drittstaat einreist, in dem die Anwendung des Abkommens über die Rechtsstellung der Flüchtlinge und der Konvention zum Schutze der Menschenrechte und Grundfreiheiten sichergestellt ist. Die Staaten außerhalb der Europäischen Gemeinschaften, auf die die Voraussetzungen des Satzes 1 zutreffen, werden durch Gesetz, das der Zustimmung des Bundesrates bedarf, bestimmt. In den Fällen des Satzes 1 können aufenthaltsbeendende Maßnahmen unabhängig von einem hiergegen eingelegten Rechtsbehelf vollzogen werden. (3) Durch Gesetz, das der Zustimmung des Bundesrates bedarf, können Staaten bestimmt werden, bei denen auf Grund der Rechtslage, der Rechtsanwendung und der allgemeinen politischen Verhältnisse gewährleistet erscheint, daß dort weder politische Verfolgung noch unmenschliche oder erniedrigende Bestrafung oder Behandlung stattfindet. Es wird vermutet, daß ein Ausländer aus einem solchen Staat nicht verfolgt wird, solange er nicht Tatsachen vorträgt, die die Annahme begründen, daß er entgegen dieser Vermutung politisch verfolgt wird. (4) Die Vollziehung aufenthaltsbeendender Maßnahmen wird in den Fällen des Absatzes 3 und in anderen Fällen, die offensichtlich unbegründet sind oder als offensichtlich unbegründet gelten, durch das Gericht nur ausgesetzt, wenn ernstliche Zweifel an der Rechtmäßigkeit der Maßnahme bestehen; der Prüfungsumfang kann eingeschränkt werden und verspätetes Vorbringen unberücksichtigt bleiben. Das Nähere ist durch Gesetz zu bestimmen. (5) Die Absätze 1 bis 4 stehen völkerrechtlichen Verträgen von Mitgliedstaaten der Europäischen Gemeinschaften untereinander und mit dritten Staaten nicht entgegen, die unter Beachtung der Verpflichtungen aus dem Abkommen über die Rechtsstellung der Flüchtlinge und der Konvention zum Schutze der Menschenrechte und Grundfreiheiten, deren Anwendung in den Vertragsstaaten sichergestellt sein muß, Zuständigkeitsregelungen für die Prüfung von Asylbegehren einschließlich der gegenseitigen Anerkennung von Asylentscheidungen treffen.«

per Flieger auf deutschen Flughäfen landen, in Anspruch genommen werden konnte.[12] Grenzbeamte durften auf dieser Grundlage Flüchtlinge an deutschen Außengrenzen in jene Länder zurückschicken, über sie sich nach Deutschland durchgearbeitet hatten. Und das sollten sie auch. Mit dieser Regelung, die 1997 als »Dublin I« Europarecht wurde, gelang es wie beabsichtigt, den Zustrom erheblich zu reduzieren.

*Zum anderen* wurde in Art. 16a (3) ebenfalls festgeklopft, dass Flüchtlinge aus Staaten nicht asylberechtigt sind, bei denen »auf Grund der Rechtslage, der Rechtsanwendung und der allgemeinen politischen Verhältnisse gewährleistet erscheint, dass dort weder politische Verfolgung noch unmenschliche oder erniedrigende Bestrafung oder Behandlung stattfindet«.[13] Es ist fast überflüssig, darauf zu verweisen, dass die Menschen, die es in diesen *»sicheren Herkunftsstaaten«* nicht aushalten, dafür ebenfalls ihre Gründe haben. Die fallen nach der neuen Rechtsauffassung nicht unter das Asylrecht, d.h. nicht unter »politische Verfolgung«. Es handelt sich in der Regel um Menschen, die in Armutsverhältnissen leben und für ihr weiteres Leben – wenn nicht gar Überleben – in ihrer Heimat keine Perspektive sehen. Ihnen wurde in den 1990er Jahren das Etikett »Wirtschaftsflüchtlinge« angeheftet, was ihre Fluchtgründe durchaus trifft, jedoch gar nicht als *sachliche* Bezeichnung, sondern damals[14] nur als *Beschimpfung* gemeint war – eingeführt von CDU/CSU-Politikern, benutzt auch von SPD-lern wie dem ehemaligen Innenminister Otto Schily. Wo käme man denn hin, so hieß die empörte Zurückweisung, wenn man *materielle* Not auf »*politische* Verfolgung« zurückführen und mit Asyl belohnen würde, wo es sich doch erstens bei Armut um ein privates Schicksal handelt, das allein durch ökonomische Verhältnisse bestimmt

---

12 Mit einer Flughafenregelung wurde fast zeitgleich für eine Rechtsverordnung gesorgt, die sicherstellt, dass Flüchtlinge gleich im Transitbereich des Flughafens beschleunigt abgefertigt werden können. Vgl. dazu auch: www.n-tv.de/politik/Flucht-per-Flugzeug-waere-moeglich-article15082176.html.

13 Art. 16a (3) erlaubt Ausnahmen.

14 Dass und warum sich das 2015f. etwas geändert hat, wird später ausgeführt.

ist, und das sich zweitens selbst in Ländern Afrikas nicht auf eine »unmenschliche Rechtslage«, sondern allenfalls auf *verfehlte* Wirtschaftspolitik der Regierungen vor Ort zurückführen lässt, der man bekanntlich seit geraumer Zeit mit Entwicklungshilfepolitik unter die Arme greife – nie aber auf »politische Verfolgung«.

Dabei sind natürlich auch in den Ländern der sogenannten Dritten Welt alle *ökonomischen Verhältnisse* immer zugleich *politisch verfügte Rechtsverhältnisse;* einmal abgesehen davon, wie allgemein und egalitär die staatliche Gewalt ihnen auf ihrem Territorium auch immer Anerkennung verschafft. Auch dort heißt »bargeldloser Einkauf« »Diebstahl« oder »Plünderung« und wird bestraft, ist der Schutz des Eigentums ebenso als Rechtsgrundsatz politisch verankert wie die daraus resultierende Abhängigkeit aller eigentumslosen Menschen von irgendeiner Sorte Geldeinkommen im Dienst eines fremden Interesses. Kurz, es gibt im westlichen Angebot von Wirtschaftssystemen keine Ökonomie, die nicht *Politische* Ökonomie ist, in der alles Wirtschaften auf staatlicher Rechtsgrundlage errichtet ist; zumal wenn dieses Wirtschaften von der Funktionalisierung ökonomischer Gegensätze, also davon lebt, dass die große Masse der »Wirtschaftssubjekte« sich staatlich »betreut« in Verhältnissen einrichtet, in denen sie ihren Lebensunterhalt allein im Dienst an fremdem Eigentum erarbeiten kann. Wie sollte so eine Ökonomie auch ohne Staatsgewalt existieren! Überzeugen wird eine derartige Argumentation hiesige Flüchtlingspolitiker allerdings kaum, da die Einführung dieses Abweisungsgrundes selbstredend weder das Ergebnis eines theoretischen Fehlers oder einer falschen Paragrafenauslegung noch das von purer Bösartigkeit ist. Eingedenk der Massenarmut auf der Welt, die auch nicht vom Himmel gefallen ist, insistiert diese Politik darauf, dass »Deutschland nicht das Sozialamt der Welt« sein kann. Sie gibt damit zu verstehen, dass der Schutz und die Hilfe, die sie mit Art. 16a GG leisten will, nicht an dem Elend der Menschen Maß nimmt, welches sie zur Flucht veranlasst – gemessen daran gäbe es zwischen Verfolgung, Vertreibung, Bürgerkrieg, drohender Hungerkatastrophe oder einem Leben auf den Müllhalden der Großstädte in der »Dritten Welt« keinen Unterschied –, sondern allein an der »elenden Verfassung« der Politik der Herrscher in den Herkunftsländern. So taugt auch diese

Neuformulierung des Asylgrundrechts dazu, Flüchtlinge mit dem Verweis auf ihre Herkunft abzuweisen.

Die Praxis des Asylgrundrechts nach 1949 ist also durch zwei einschränkende Bedingungen bestimmt, die sich Beschlüssen verdankten, welche in einer jeweils unterschiedlichen *politischen Weltlage* gefasst worden waren: Mit dem Kriterium der »politischen Verfolgung« sah man sich im Kalten Krieg primär jenen Flüchtlingen gegenüber verpflichtet, die Opfer der Feinde des demokratisch regierten Kapitalismus waren. Und mit der Grundgesetzänderung von 1993 zollte man einer Weltlage mit Eindämmungsverfügungen Tribut, in der es – nach Beendigung des Kalten Krieges – nicht etwa friedlicher und sicherer geworden war, sondern in der sich *immer mehr* Menschen auf die Flucht begaben. Beide Bedingungen gelten bis heute und bestimmen das Sortierungsverfahren der Flüchtlingsbehörden mit, wenngleich Flüchtlinge, die sich von hier aus an der Bekämpfung kommunistischer Länder beteiligen wollen, mangels entsprechender Herkunftsstaaten fast ausgestorben sind. Was bleibt, das ist der dem Asylrecht und seiner Funktionalisierung immanente imperialistische Standpunkt. Der schließt eine politische Richterrolle, die Nichtbeachtung der Souveränität fremder Staaten und einen Maßstab ein, der bei der Ermittlung von »politischer Verfolgung« allein den in westlichen Staaten festgelegten Umgang der Staatsgewalt mit seinem Volk anlegt; womit er ihn natürlich zugleich von jeder Kritik ausschließt.

Die Flüchtlingsströme hat die Reform von Art. 16 GG nicht aufgehalten, aber etwas gebremst. Was ab 2010 politisch als »Flüchtlingskrise« bezeichnet wird, das betrifft all jene Flüchtlinge, die weiterhin und zwar vermehrt aus aller Welt in Richtung Europa aufbrechen und dort auf ein *neues Grenzregime* treffen.

## 5. Das Schengengrenzregime

### Schlepper und Schleuser

Menschen, denen nichts als die Flucht aus ihrer Heimat bleibt, sehen sich genötigt, sich mit *Schlepper-* und *Schleuserorganisationen* in Verbindung zu setzen, sich von ihnen Reiserouten vorschreiben zu lassen, sich in ihre Hände zu begeben, ihnen das letzte Geld, das sie irgendwo zusammengekratzt haben, auszuhändigen – durchaus eingedenk des Lebensrisikos, das mit den dann organisierten Märschen oder Fahrten durch Wüsten und dem Übersetzen über das Mittelmeer in Richtung auf Europas Außengrenzen verbunden ist. Schlepper und Schleuser sind Verbrecher, ihre Organisationen können es mit denen der Mafia und mit Drogenkartellen lässig aufnehmen, weiß die Presse.[1] Für sie, die übrige Öffentlichkeit und die gesamte Politik steht fest, dass diese »kriminellen Vereinigungen« für den Tod von Tausenden verantwortlich sind: Größere Verbrecher gibt es kaum, selbst die Terroristen stellen sie in den Schatten, wenn mal wieder ein gekentertes Boot mit einigen Hundert Toten den Terroranschlägen die Schlagzeilen geklaut hat. Ihnen gehört das Handwerk gelegt, darin sind sich alle Freunde von Flüchtlingen einig. Nur die Flüchtlinge nicht so richtig. Fragt man sie – wie es einer geflüchteten Syrerin 2015 in einer Talkshow passiert ist –, ob sie den Schleusern eigentlich dankbar sei oder eher einen Hass auf sie habe, dann kann es geschehen, dass eine eigentlich vom Reporter rhetorisch gemeinte Frage ernsthaft und ganz anders als erwartet beantwortet wird: Ja, eigentlich sei sie denen dankbar!, erklärte die geflüchtete Frau.[2] Erwartet worden war eine Antwort, die sich der hiesigen Verurteilung der Schleuser vollinhaltlich und

---

[1] Vgl. dazu auch: A. di Nicola, G. Musumeci, Bekenntnisse eines Menschenhändlers. Das Milliardengeschäft mit den Flüchtlingen, München 2015.

[2] War da nicht mal was? Hießen die Schleuser, die »Republikflüchtlingen« aus der DDR über die Mauer halfen, nicht »Fluchthelfer«? Waren sie nicht hochgeachtete, selbstlose, zu Filmhelden hochstilisierte Helfer, die dem Unrechtsregime die eine oder andere Schlappe zufügten? Warum wohl? Und

durch eigene Betroffenheit unterfüttert anschließt. Dafür war die Syrerin geladen. Nach kurzem fassungslosem Schweigen gab es allerdings schnell eine passende Erklärung, die jedermann überzeugen und zugleich dazu angetan sein sollte, die ihnen unverständliche Reaktion zu *entschuldigen*: Die Flüchtlinge *haben* eben keine Alternative!

Falsch: Es wird ihnen von der EU keine Alternative *gelassen*! Das beginnt bei den Rechtsbestimmungen des Schengengrenzregimes: Flüchtlingen ist das Passieren der EU-Grenze ohne ein Visum oder eine andere Einreiseerlaubnis untersagt; und ein Visum oder ein entsprechendes Dokument wird ihnen nicht ausgestellt, *weil* sie Flüchtlinge sind. Ihnen wird die »Rückkehrbereitschaft«, die die Voraussetzung zur Erteilung eines Visums ist, von den Behörden aus guten Gründen nicht geglaubt. Wie auch, handelt es sich bei ihnen doch um Menschen, die gerade einer Bedrohung für Leib und Leben entronnen sind. Wie sollten sie da glaubwürdig ein Visum für einen Monat beantragen?

Soweit die *Rechts*lage, die natürlich ihre *politischen* Gründe hat: Flüchtlinge sind erstens Ausländer, die zweitens unbestellt einreisen wollen, als Flüchtlinge drittens eine nicht nur kostenmäßige Belastung im Aufnahmestaat sind, die man viertens schlecht wieder los wird, und die fünftens immer auch für Probleme mit dem Herkunftsstaat gut sind – vor allem, wenn man Flüchtlinge an ihn wieder zurückschicken will.[3]

Wer also als Flüchtling in den Genuss (?) des Asylrechts oder der Genfer Flüchtlingskonvention kommen will, muss europäischen bzw. deutschen Boden erreichen, da bisher nur auf deutschem Boden ein entsprechender Antrag bei deutschen Behörden gestellt werden kann. Aber genau diesen Boden kann er *legal nicht* erreichen. *Es ist die Paradoxie dieser Rechtslage, mit der Europa sich die Flüchtlingsflut vom Leibe halten will – wohl wissend, dass*

---

warum galten sie nur in der DDR als das, was heute den Flüchtlingsschleppern ganz selbstverständlich vom Westen angekreidet wird?

[3] Es geht aber auch anders herum: So gab es z.B. von Syriens Präsident Assad die Beschwerde, dass deutsches Asylrecht ihm Teile seines Staatsvolkes rauben würde, das er, so wird man ergänzen können, als Nachschub für sein Militär vermisst.

*das nur unzureichend gelingt –, welche die Schleuser und Schlepper ausnützen, um Flüchtlinge illegal über die Schengengrenze zu bringen.*

Damit werden die Machenschaften dieser Organisationen nicht klein geredet. Aus der Not armer Leute ein – für die auch noch alternativloses – Geschäft zu machen, dessen Gegenleistung mit weiteren Schäden oder sogar letal enden kann, das fällt unter Erpressung durch dieses mafiöse Monopol. Aber es soll schon unterschieden werden zwischen den *politischen Kräften*, die diese Zwangslage für die Flüchtlinge *herstellen*, und den *privaten Schlepperorganisationen*, die sie ausnützen, die darauf *ihr gemeines Süppchen kochen*, das inzwischen zu einem Milliardengeschäft angewachsen ist.

Dass Flüchtlinge sich und ihre Familien diesen Schlepperorganisationen *anvertrauen*, wohl wissend, dass Tausende ihrer Schicksalsgenossen jährlich auf der Flucht sterben, ist kein Rätsel. »Kein Schrecken ist größer als der, dem Flüchtlinge zu entkommen versuchen«, melden auch bürgerliche Organe wie der Focus. Denen fällt allerdings nicht auf, was sie damit über Europa und seine Grenzbefestigungen verlauten lassen: Um Schrecken knapp unterhalb derjenigen, die zur Flucht führen, handelt es sich, wenn Flüchtlinge an die für sie verschlossenen Grenzen und an die einzigen Wege denken, auf denen sie zu überwinden sind.

## Das Schengengrenzregime nach innen und nach außen

Die euro-politische Bedeutung der Schengenregelung liegt allerdings nicht primär in ihrer *ausgrenzenden* Funktion. Verabredet ist sie vielmehr zwischen europäischen Staaten, die ihre *inner*-europäischen Grenzen für einen europaweit *freien Markt* öffnen wollten, auf dem sich Waren und Kapital, Dienstleistungen und Arbeitskräfte ohne Grenzbeschränkungen wie Zölle, Ein- oder Ausfuhrbeschränkungen usw. eine *Konkurrenz* liefern sollten, von der, wie vor allem deutsche Politiker zu betonen nicht müde wurden, erstens alle Euro-Staaten profitieren würden, und die zweitens Europa insgesamt mit seiner Gemeinschaftswährung in der Weltmarktkonkurrenz voranbringen würde – einschließlich der darin enthaltenen positiven Rückwirkungen auf das Wachstum der einzelnen EU-Staaten.[4] Dennoch ist natürlich mit der Schengengrenze ein einvernehmlich zu beschließender »Grenzkodex« für die *Außengrenze* notwendig geworden, da alle Staaten, vor allem die mit einer Schengen-Außengrenze, einer *Beschränkung ihrer nationalen Souveränität* in Grenzfragen zustimmen mussten. Eine griechische oder italienische Außengrenze unterliegt dann zwar auch der griechischen oder italienischen Hoheit, doch haben diese Staaten ihre nationalen Belange zugleich an dem Kodex der gesamteuropäischen Grenzhoheit und damit an den europolitischen Interessen derer zu *relativieren,* die in der EU den Ton angeben. Dass dieses prekäre Verhältnis – es ist nämlich überhaupt nicht ausgemacht, dass sich die nationalen Interessen der Grenzstaaten mit den maßgebenden Staaten im Binnenraum Europas immer decken – zu Verwerfungen führen kann, haben die EU-Staaten dadurch einkalkuliert, dass es allen Staaten im Schengenraum »im Falle einer schwerwiegenden Bedrohung der öffentlichen Ordnung oder der inneren Sicherheit« erlaubt ist, für 30 Tage »an ihren Binnengrenzen wieder Grenzkontrollen« einzuführen.[5] Dass so eine aus nationalen Zielen geborene Konzession auf Zerwürfnisse *innerhalb* Europas verweist, die über die Konkurrenz hinausgehen – wenngleich sie aus ihr resultieren können –, deutet darauf hin, dass die Konstruktion der EU von den Gemeinschaftsidealen wie Frieden und Sicherheit, Wechselseitigkeit und Solidarität, mit denen den Völkern Europas dieses Projekt immer wieder vorgestellt wird, in ihrer Grundkonstruktion ein ganzes Stück weit entfernt ist.

In der »Flüchtlingskrise« der jüngsten Zeit erfährt die *ausgrenzende* Funktion der Schengengrenze einen erheblichen Bedeutungszuwachs. Flüchtlingsmassen aus dem Nahen Osten, Afrika und Vorderasien versuchen mit Schlepperhilfe die Grenzbestim-

---

[4] Was daraus geworden ist, wie sich – quasi zwangsläufig – über eine Konkurrenz, die an nationaler Produktivität Maß nimmt, Europas Staaten sortieren, das ist exemplarisch nachzulesen in: J. Köper/U. Taraben, Der Fall Griechenland. Fünf Jahre Krise und Krisenkonkurrenz, München 2015.

[5] Siehe: http://eur-lex.europa.eu/legal-content/DE/TXT/?uri=URISERV%3Al14514.

mungen des Schengenkodex[6] zu umgehen und illegal die Grenze zu überschreiten. Der im Grenzkodex zugleich festgeschriebene Humanitätsvorbehalt – wer die Einreisebedingungen nicht erfüllt, dem wird »*vorbehaltlich* der besonderen Bestimmungen (z.B. aus humanitären Gründen [i.O.]) die Einreise verweigert« –, durfte jedoch nicht als *Freibrief* für Flüchtlinge gedeutet werden; darin waren sich alle EU-Staaten einig. Die 2004 gegründete *Frontex* (*frontières extérieures*) hatte das zusammen mit Grenzbehörden umzusetzen. Sie sollte den Schutz der Außengrenzen zu Lande und zu Wasser[7] leisten, an den Grenzen die Kriminalitätsbekämpfung – darunter fallen sowohl Flüchtlinge als auch Schlepper – unterstützen und Massenabschiebungen von Flüchtlingen organisieren. All diese Maßnahmen hatten und haben weiterhin nur einen Zweck: *Europa will in der Flüchtlingsfrage Herr der Lage bleiben. Illegale Eindringlinge, aber vor allem auch Todesopfer im Mittelmeer gelten als ein unschöner Störfall in der geregelten Abwicklung der Frage, wie viele Flüchtlinge Europa aufnehmen will.* Sie drängen sich ungefragt und unbefugt als Hilfsbedürftige auf, führen notstandsartige Situationen herbei wie anlässlich der Schiffskatastrophe von Lampedusa, welche Europa zu nicht vorhergesehenen Maßnahmen nötigen, und forcieren zudem Zuständigkeitskonflikte innerhalb der europäischen Staaten – vor allem zwischen den Staaten, an deren Küsten die Flüchtlinge anlanden, und jenen, in die es die Flüchtlinge drängt.

---

[6] Wichtig sind dabei die folgenden Bestimmungen: Staatsangehörige eines Nicht-EU-Landes müssen für »einen Aufenthalt von 90 Tagen je Zeitraum von 180 Tagen« nicht nur im Besitz eines Visums oder anderen Reisedokuments sein, sondern »über ausreichende Mittel zur Bestreitung des Lebensunterhalts verfügen« und dürfen »keine Gefahr für die öffentliche Ordnung, die innere Sicherheit, die öffentliche Gesundheit und die internationalen Beziehungen eines EU-Mitgliedstaates darstellen«. (s.o.)

[7] Das hieß z.B., auf dem Mittelmeer Flüchtlingsboote zur Rückkehr zu »bewegen«, gekenterte Flüchtlinge nach Maßgabe der international gültigen Seenotrettungsverpflichtung zu retten und an Land zu bringen, wohin auch immer: Asyl wird auf hoher See nämlich nicht gewährt.

## Lampedusa

Die Schiffshavarie vor Lampedusa,[8] bei der in einer Nacht im Oktober 2013 ca. 550 Flüchtlinge ertranken – im April des Jahres 2015 wurde das noch einmal »getoppt«, als circa 700 Flüchtlinge an einem Tag im Meer umkamen –, regte zwar Öffentlichkeit und Politik schwer auf. Von einem durchgreifenden Sinneswandel in der politischen Bestimmung des Grenzregimes an den EU-Außengrenzen für Flüchtlinge konnte jedoch im Folgenden keine Rede sein. Nur deren unschöne *Wirkungen* gerieten ins Blickfeld der EU-Verantwortlichen: Dass das Mittelmeer, Europas Verbindung nach Afrika und Vorderasien, zum »Friedhof« wird, wie die taz am 12.10.2013 leitartikelte, und dass die Überlebenden des Unglücks auf italienischem Festland von der dortigen Staatsanwaltschaft *schengenkonform* gleich mit einem Ermittlungsverfahren wegen des Straftatbestandes der *illegalen Einwanderung* begrüßt wurden,[9] ging den Führungsmächten der EU zu weit.

Als das gute Rechtsgewissen der kritischen Schreiberzunft in Deutschland, Heribert Prantl, umgehend vermerkte: »Der Massentod vor Lampedusa ist Teil der EU-Flüchtlingspolitik, er gehört zur Abschreckungsstrategie«,[10] lag es durchaus richtig, dass es auf den Abschreckungs*effekt* von Flüchtlingspolitik verwies. Falsch lag der Journalist allerdings darin, den europäischen Politikern zu unterstellen, das Ertrinken von Boatpeople im mare nostrum *absichtlich* zu Abschreckungszwecken inszeniert zu haben. So etwas hatten sie erstens gar nicht nötig: Das ergab sich als zwangsläufiges

---

[8] Als »Trauminsel im Mittelmeer« preist das örtliche Reisebüro im Internet die Insel an.

[9] Nicht nur in Italien gibt es überdies den Straftatbestand der »Beihilfe zur illegalen Einwanderung«, von dem die Fischer vor Ort gewusst haben müssen, als sie an den in den Booten um Hilfe rufenden Menschen vorbeifuhren. Immerhin lag die Rettungsaktion der Cap Anamur im Jahre 2004, die der Hilfsorganisation den Vorwurf der Schlepperei eingetragen hatte, noch nicht so lange zurück. Ein Anwalt hätte sie vielleicht darauf verwiesen, dass es auch den Straftatbestand der »unterlassenen Hilfeleistung« gibt, abgeleitet aus dem noch höher stehenden »Menschenrecht auf Unversehrtheit«. Einfach nur helfen, weil Menschen in Not sind, ganz ohne Abgleich mit Straftatbeständen, scheint eine äußerst problematische Angelegenheit zu sein.

[10] SZ, 7.10.2013.

Resultat aus dem unbedingten Fluchtwillen der Flüchtlinge, einem für legale Grenzübertritte verschlossenen Schengenraum und dem unseligen Schlepperwesen. Und zweitens lag und liegt es wirklich nicht in ihrer Absicht, ihr Grenzregime dadurch abzusichern, dass Flüchtlinge massenhaft ertrinken. Die öffentliche Aufregung – vom UNO-Chef bis zum Papst wurde um die Toten von Lampedusa getrauert und mit dem Finger auf Versäumnisse Europas gezeigt – wurde von der EU zum Anlass genommen, *das widersprüchliche Verhältnis von Abschreckung und Humanität neu zu justieren.*

Dass die EU im Jahr zuvor mit dem Friedensnobelpreis ausgezeichnet worden war, konnte als polit-moralisches Leitmotiv für den Umgang mit all den Vorwürfen gelten, in denen Europa angesichts des Massentods vor Lampedusa ein *Selbstwiderspruch* vorgehalten wurde: Es würde in der Flüchtlingspolitik jene europäischen Werte verraten, für die das schwedische Komitee es ausgezeichnet hätte. Die Widerlegung folgte auf dem Fuße. EU-Politiker setzten auf *Humanität*: *Rettung vorm Ertrinken* war das neue Stichwort. Der Frontex wurden diesbezüglich neue Aufträge erteilt: Die fürs Umkommen verantwortlich gemachten Schlepper müssten intensiver verfolgt, aufgebrachte Boote nicht nur zurückgeschickt, sondern deren Insassen erst einmal an Bord genommen, dort vorm nassen Tod in Sicherheit gebracht und Schlepperboote am Festland zerstört werden. Nationale Einheiten der Marine anderer EU-Staaten hätten sich zusätzlich an Rettungsaktionen zu beteiligen, wobei der Raum für Rettungsaktionen auf See ungeachtet der davon betroffenen Hoheitsgebiete ausgedehnt werden sollte.[11]

Das und einiges mehr brachte den EU-Politikern Lob, aber auch den Tadel ein, dass alle diese Maßnahmen nicht ausreichen würden. Beiden Reaktionen entging, was die intensivierten Rettungsmaß-

[11] Eine Zeitlang durften Frontexschiffe im Mittelmeer bei Havarien vor Libyen mit der Begründung nicht eingreifen, dass es sich dort um libysches Hoheitsgebiet handeln würde – obwohl weit und breit keine libysche Hoheit auf den Plan trat und diese Begründung niemanden mehr interessierte, als sie angesichts der steigenden Opferzahlen wieder kassiert wurde. Dass die Zerstörung von Schlepperbooten auf afrikanischem Festland eine militarische Aktion auf dem Hoheitsgebiet eines fremden Staates darstellt, schien auch kein Hindernis zu sein.

nahmen tatsächlich leisteten: *Es ging allein darum, Flüchtlinge, die es bei sich nicht mehr ausgehalten und sich in der Hoffnung auf verbesserte Lebensverhältnisse auf den Weg in die Zentren des Kapitalismus gemacht hatten, in ihrer Existenz als diese Flüchtlinge am Leben zu erhalten.* Das heißt, sie sollten entweder lebend dorthin zurückgeschickt, wo sie sich lebend einen neuen Schlepper suchen würden, oder lebend ans europäische Festland verbracht werden, wo sie sich lebend der Sortierungsprozedur zwischen berechtigtem und unberechtigtem Flüchtling zu unterziehen hätten. Der hohe, wenn nicht sogar *Höchstwert »Leben«* hatte Konjunktur. Und jedem Fischerboot, das mit aus den Fluten geretteten Flüchtlingen Aufmerksamkeit erregte, wurde attestiert, den Flüchtlingen ihr höchstes Gut erhalten zu haben. Dabei steht deren Flucht aus armseligsten Verhältnissen ganz offenkundig dafür, dass es ihnen *um mehr* geht als bloß darum, ihr Leben zu erhalten. Immerhin haben sie jedes Risiko auf sich genommen, gerade weil sie in der Fremde mit deren verheißungsvollem Reichtum aus ihrem Leben ein bisschen mehr machen wollen, als ihnen dies in ihrer Heimat möglich war. Dankbarkeit wurde ihnen dagegen abverlangt – und die haben sie natürlich auch gezeigt – für nichts als die *Erhaltung des Lebens*, das allein die *Bedingung* für alle großen und kleinen, bescheidenen oder weniger bescheidenen Vorhaben ist, die jeder Mensch sich zu verfolgen vornimmt.

Humanitätsmoral und Rettung schlossen nichts von dem ein, was Flüchtlingen dabei geholfen hätte, ihrem *Leben* eine erste elementare *lebenswerte Qualität* zu verleihen; *Leben pur, Existieren abstrakt*, d.h. ohne irgendetwas von dem, was sich Flüchtlinge in aller Bescheidenheit als Weg aus Elend und Not vorgestellt hatten, war der Inhalt dieses Humanitätsprogramms nach Lampedusa. Ganz unbescheiden wird den Flüchtlingen zudem mit diesem Programm eine Sorte Dankbarkeit abverlangt, die gut zu deren weiterer Betreuung passt. Das kennt man doch: Wer einmal dem Tod ins Auge geschaut hat, der haut nachher nicht auf den Putz, sondern wird ganz *bescheiden*.[12] Am geretteten »Leben« als Wert re-

---

[12] Man sollte zur Kenntnis nehmen, dass der Höchstwert »Leben« *im normalen Leben eines Volkes* und übrigens auch in dem der geretteten und

lativiert sich alles, was man vom Leben noch erwartet, lautete der moralische Imperativ, der für die aufgefischten Flüchtlinge galt.

Zudem wurde der »Humanitätsvorbehalt« des Schengener Grenzkodex neu verabredet. Von der *Bestrafung* der illegal Eingewanderten sollte *Abstand* genommen, gerettete Flüchtlinge vielmehr in Erstaufnahmelager überführt und ihnen dort nach Registrierung und Kontrolle die Möglichkeit eingeräumt werden, Anträge auf Asyl zu stellen oder die Anerkennung als Flüchtling zu beantragen. Auch dies durchaus ein Akt von Humanität: Statt als *Illegale* gleich abgeschoben zu werden, und zwar ohne Aussicht, jemals in Europa wieder eine Chance auf Anerkennung als Flüchtling zu erhalten, durften sie nun, je nach Herkunft mit dem komfortablen Status des *Asylberechtigten* versehen, ihre Zeit im Lager absitzen und warten, was Behörden über sie befinden.

### Rückführung

Mit dem Programm zur Rettung der Flüchtlinge vorm Ertrinken hatten sich die europäischen Flüchtlingspolitiker zu einem Paket weiterer Maßnahmen verstanden, in denen die »Präventionspolitik gegen illegale Einwanderung« und die Vorbereitung von »Rückführungsabkommen« eine gewichtige Rolle spielten. Bereits in einem Vertrag über ein »Partnerschaftsabkommen zwischen der EU und AKP-Staaten«, d.h. Staaten aus dem afrikanischen, karibischen und pazifische Raum, von 2013 bestätigten sich »die Vertragsparteien in der Auffassung, dass Strategien zur Eindämmung der Armut, zur Verbesserung der Lebens- und Arbeitsbedingungen, zur Schaf-

---

integrierten Flüchtlinge wieder nur als das gilt, wofür er im Kapitalismus da ist: Die Parteigänger des Wertes »Leben« »abstrahieren in ihrer frommen Meinung, den Zweck der schieren Existenzerhaltung könne doch jedermann teilen, von all dem, was das ziemlich lebende Inventar ihrer Gesellschaften mit ihrem Leben anstellt. (…) Ein paar zusätzliche Verrichtungen in Schulen, an Arbeitsplätzen, im Supermarkt, an den Wahlurnen« sind Politikern allemal wichtiger, als sich dem Maßstab »Leben« dienstbar zu machen. Wie soll denn das auch gehen, wo hierzulande »das ›Leben‹ als Rohstoff von Politik und Wirtschaft der Nation eine Selbstverständlichkeit« ist. (Aus: ›Das Leben‹ – nichts wert, in MSZ 9/1985, www.gegenstandpunkt.com/msz/html/85/85_9/leben.htm.)

fung von Arbeitsplätzen und zur Entwicklung der Ausbildung langfristig zur Normalisierung (sprich: Eindämmung, F.H.) der Wanderungsbewegungen beitragen« würden.[13] Wer mag schon einer Logik widersprechen, die nachweist, dass niemand mehr fliehen muss, wenn er dazu keinen Grund hat. Welcher Vertragspartner vom fremden Kontinent mag dem nicht zustimmen, zumal kein *politisches Subjekt* benannt ist, das all diese Entwicklungen auf den Weg bringen soll. Wie auch, wo afrikanische Staaten von sich aus dazu gar nicht in der Lage sind, oft genug auch kein Interesse daran haben und wo es zudem den europäischen Vertragspartnern mit geschuldet ist, dass die Menschen aus solchen Ländern massenhaft flüchten. Dafür enthält der Vertrag dezente Hinweise darauf, dass das Fluchtunterbindungsprogramm in der Tat eher »langfristig« angelegt ist:

> »Die Vertragsparteien kommen (...) überein, dass die AKP-Staaten ihren Staatsangehörigen, die sich illegal im Hoheitsgebiet eines Mitgliedsstaates der EU aufhalten, die Rückkehr gestatten und sie auf Ersuchen dieses Mitgliedsstaates ohne Weiteres [i.O.!] zurücknehmen.«[14]

Diese Rückführungsabkommen mit zentralafrikanischen Staaten sind bisher weitgehend Papier geblieben. Was wollen solche Staaten auch mit Volksteilen, die es bei ihnen nicht aushalten, die deswegen ihrer Herrschaft jede Form von Gefolgschaft aufgekündigt haben, im Land nicht gebraucht werden und nach der Rückkehr zudem nur allzu oft leichte Beute für Milizen werden. Parallel dazu »hilft« die EU diesen Staaten finanziell bei der Grenzsicherung zum Zwecke der »Bekämpfung von irregulärer Migration und Menschenhandel«.[15] Nur einige Staaten des Maghreb – Marokko, Algerien,

---

[13] www.europarl.europa.eu/atyourservice/de/displayFtu.html?ftuId=FTU_6.6.5.html

[14] S.o. In einem »Musterentwurf eines bilateralen Rückübernahmeabkommens« heißt es dazu kurz und bündig: »Ein Rückübernahmeabkommen ermöglicht es, die Maßnahmen zur Entfernung von Drittstaatsangehörigen (d.h. Nicht-EU-Staatsangehörigen) leichter zu handhaben.« (http://eur-lex.europa.eu/legal-content/DE/TXT/?uri=CELEX:31996Y0919%2807%29)

[15] Aus einem »Factsheet« der Europäischen Kommission zur »Zusammenarbeit der Europäischen Union mit Afrika im Bereich der Migration«

Tunesien – haben sich genötigt gesehen, nach finanziellen EU-Zugeständnissen vertragsgemäß zu handeln, wobei einige Verträge vorsehen, dass diese Staaten auch *fremdstaatliche* Flüchtlinge aufnehmen müssen. Man kann sich ausmalen, was die örtlichen Polizeibehörden dann mit den Afrikanern aus Mali, dem Senegal oder Botswana anstellen. All das ändert nichts daran, dass Rückführung so oder so seit Jahren zur Flüchtlingspolitik der europäischen Instanzen gehört. Welcher afrikanische Staat wollte der Frontex etwas entgegensetzen, wenn sie Boote zurückschickt oder – auch das soll vorkommen – Menschen an afrikanischen Gestaden aussetzt. Einige europäische Länder haben diese Fragen zusätzlich bilateral gelöst: Spanien z.B. hat zum Schutze der Kanaren vor Flüchtlingsbooten mit Mauretanien vereinbart, dass die Guardia Civil, eine paramilitärisch ausgerichtete spanische Polizeieinheit, auf mauretanischem Territorium und vor der mauretanischen Küste Boote aufbringen und Schlepper dingfest machen darf.

### Rettung der Flüchtlinge vor Europas Schutzmaßnahmen

Ein Schluss ist erneut aus diesen europäischen Maßnahmen zur »besseren Migrationssteuerung« zu ziehen: *Grenzen* sind immer *Instrumente politischer Interessen* von mehreren Staaten, von den eingegrenzten und den ausgegrenzten Staaten. Dabei liegt es in der Natur der Sache, dass die jeweils überlegene Staatsmacht nicht nur über die eigene Grenzpolitik befindet, sondern nicht gerade selten auch anderen Staaten diktiert, ob und für wen oder für was sie ihre Grenzen zu öffnen oder zu schließen haben. Deswegen ist es überhaupt nicht paradox, wenn einige Staaten ihre Grenzen z.T. mit Mauern und Stacheldraht dichtmachen, um zu *verhindern*, dass Menschen aus ihrem Hoheitsgebiet fliehen, andere mit ähnlichen Mitteln Flüchtlinge von ihren Grenzen *fernhalten* und wieder andere Staaten von »Führungsmächten« dazu *genötigt* werden, mit Grenzschutzmaßnahmen zu verhindern, dass Volksteile, mit denen sie wenig bis nichts anfangen können, die Flucht antreten und dann anderen Staaten zur Last fallen. Europa ist in Sachen

---

vom 9.11.2015; siehe: http://europa.eu/rapid/press-release_MEMO-15-6026_de.htm.

Flüchtlingspolitik die Macht, die es sich herausnimmt, über Grenzen von zumeist afrikanischen Staaten, aus denen oder über die Flüchtlinge die Schengengrenze ansteuern, nicht selten so zu befinden, als sei sie der Souverän. Oft mit Vertrag, aber nicht selten auch ohne, etwa wenn der Vertragspartner unwillig oder – wie in »failing states« bzw. bei Bürgerkriegen – kein »zuverlässiger« zur Hand ist. Was diese Staaten sind, welches ihre Vorhaben sind, wie sie sich zu Europa stellen, ist dabei von untergeordneter Bedeutung: *Für europäische Flüchtlingspolitiker sind es Staaten, die allein hinsichtlich ihrer Funktion bei der Eindämmung der Fluchtbewegungen definiert und behandelt werden.* Und das kann sich Europa offenkundig leisten.

Mit all diesen Maßnahmen sollte der Schutz des Lebens der Flüchtlinge mit dem Schutz von Europas Grenzen vereinbar gemacht werden. Oder anders gesagt: *Der Schutz der fliehenden Menschen bestand in der Rettung vor EU-Schutzmaßnahmen, die ihnen galten.* Von Erfolg gekrönt waren und sind diese Initiativen, einschließlich aller Konsequenzen, die sich Europa für seine Außengrenzen noch hatte einfallen lassen, nur begrenzt. Flüchtlinge, die kein Risiko scheuen – »Lieber im Mittelmeer ersaufen, als zurück in das Land, aus dem ich komme!« (O-Ton eines Flüchtlings aus Somalia) –, nehmen alles und dies gelegentlich sogar mehrfach auf sich, um in Europa an Land zu gelangen bzw. eine europäische Landesgrenze zu überwinden. EU-Politiker wissen das und konstatieren das *Scheitern* ihrer Grenzpolitik: *Sie entnehmen den Misserfolg ihrer Grenzpolitik allerdings nicht dem Massensterben im Mittelmeer, wie dies die moralisch urteilende Öffentlichkeit macht, sondern ganz umgekehrt der massenhaft gelungenen Flucht der Überlebenden.*

## 6. Flüchtlings-Merkel: »Wir schaffen das!«

### September 2015

Als die deutsche Regierung nach Absprache mit der österreichischen in der Nacht vom 4. auf den 5. September 2015 die Grenze für Tausende jener Flüchtlinge öffnete, die in Ungarn unter schlimmen Bedingungen festgehalten wurden, ihnen die Durchfahrt durch Österreich gestattete und sie ohne Kontrolle und Registrierung nach Deutschland einreisen ließ, konnte man auf jeden Fall davon ausgehen, dass Merkel und Co. keiner Gehirnwäsche unterzogen worden waren, sondern für diese humanitäre Aktion ihre *politischen Gründe* gehabt haben.[1] Die bisher heftigen Kritiken an deutscher und europäischer Flüchtlingspolitik – nach Lampedusa, nach weiter eskalierendem Ansturm von Flüchtlingen und nach immer neuen Rekordzahlen von Ertrunkenen und Erstickten – verstummten augenblicklich und machten geradezu emphatischem Lob Platz: Endlich habe die *Kanzlerin* – als ob sie alles nur mit sich selbst ausgemacht und, ohne ihre Regierung einzuweihen, ihre Führungsqualitäten im Alleingang für die richtige Sache eingesetzt hätte – dem Sinn des deutschen Asylgrundrechts entsprechend gehandelt und ganz berechnungslos Barmherzigkeit gezeigt.

Das mit der *Barmherzigkeit* soll gar nicht geleugnet werden. Bei den Bildern aus Ungarn, garniert mit den Sprüchen Orbáns, kann einem schon die Galle hochkommen. Gegen Mitleid mag auch die Kanzlerin einer Mittelmacht wie Deutschland, die für jede Menge harte Schicksale nicht nur, wie in jüngster Zeit, in Griechenland gesorgt hat, nicht gefeit sein. Aber deswegen *erschöpft* sich Flüchtlingspolitik nicht in selbstloser Nothilfe und Humanität, die allein Maß nimmt an dem, was die geflohenen Menschen nötig haben. Wie Flüchtlings*hilfe* und *politische Kalkulation* zusammengehen, das ist der Erstaufnahme in Notunterkünften zu entnehmen, die auch denen bekannt sein dürfte, die sich vor Begeisterung über das moralisch frisch gewaschene Gesicht, das Deutschland da angeb-

---

[1] Vgl. dazu auch T. Steinfeld, Von Kindern und Männern, in: SZ, 15.1.2016.

lich gezeigt hat, geradezu überschlagen. Da wird bekanntlich nach einer ersten Versorgung durch politische Befehlsgewalt, ohne die gar nichts läuft, registriert und kontrolliert, da werden Not und Not sortiert, ein Teil der Notleidenden zur Abschiebung freigegeben und einigen ein – manchmal nur vorübergehender – Aufenthalt im »Paradies« mit Auflagen erlaubt. Für die Flüchtlinge, die den praktischen Vergleich mit Flucht und Aufenthalt an Ungarns Stacheldrahtzaun oder mit der Fahrt über das Mittelmeer noch am Leibe tragen, *ist* das natürlich erste Hilfe in der Not. Der Vergleich schönt zwar die Qualität dieser Erstbetreuung, nimmt aber weder etwas davon weg, dass sie für diese Menschen eine Erleichterung ihrer Lage darstellt, noch unterschlägt er den Dienst, den diese Aufnahmeregeln der Politik leisten. Deren *politischen Gehalt* streichen diejenigen allzu gern durch, die diese Versorgung im Lichte ihres *Politikideals* deuten. Lange Zeit haben sie der Flüchtlingspolitik nur *Versäumnisse* der deutschen Regierung entnommen. Jetzt fallen sie schon wieder auf ihr eigenes Ideal herein, nur weil der Augenschein es ihnen erlaubt, in der Flüchtlingspolitik einen »Paradigmenwechsel« (H. Prantl) nach *ihrem Geschmack* ausfindig zu machen. Dabei verrät selbst noch die idealistische Politik*kritik*, dass man in der demokratisch-marktwirtschaftlich geordneten Welt wirklich nicht damit rechnen kann, dass Hilfe geleistet wird, einfach *weil* sie nötig und zudem das *Nötige vorhanden* ist. Wenn den neuen Merkel-Fans geläufig wäre, dass jeder Euro in der *Versorgung* von Flüchtlingen besser aufgehoben ist als im *Staatshaushalt* dieser imperialistischen Nationen, über den sie immerhin Grenzanlagen und Frontex, ein BAMF, Massenlager und Abschiebungen finanzieren, dann wäre ihnen ihr Jubel über die Grenzöffnung im Halse stecken geblieben.[2]

## Neue globale Flüchtlingspolitik

Dabei ist auch diese – obendrein umgehend zur »Ausnahme« erklärte und ab Mitte September 2015 mit Grenzkontrollen wieder regulierte – Flüchtlingshilfe nicht mehr und nicht weniger als ein

[2] Nach: Lehren aus einer Naturkatastrophe, in: GegenStandpunkt, Heft 1/2005.

*Instrument weit über Europa hinausreichender nationaler Politik.* Sie setzt unter neuen Bedingungen und mit veränderter Beschlusslage fort, was am Asylgrundrecht und seiner politischen Instrumentalisierung bereits aufgezeigt worden ist, geht dabei aber über die Zwecke der bisherigen Flüchtlingspolitik hinaus und reduziert zugleich den Stellenwert des Asylgrundrechts recht erheblich.

Kanzlerin Merkel teilte kurz nach der überraschenden Grenzöffnung unmissverständlich Folgendes mit:

> »Deutschland werde seiner Verantwortung gerecht, wenn es um Hilfe für Schutzbedürftige gehe (...) ›Dies ist nicht nur eine Verantwortung Deutschlands, sondern aller Mitgliedstaaten der EU. Zu den Aufgaben der EU gehört auch der Schutz der Außengrenzen – auch der Schutz zwischen Griechenland und der Türkei‹, sagte Merkel weiter. ›Der ist derzeit nicht gewährleistet.‹ Mit der Türkei müsse intensiv gesprochen werden. Die internationale Gemeinschaft müsse die Flüchtlingslager in den Nachbarländern von Kriegsregionen besser unterstützen. ›Vorrang muss haben, dass jeder möglichst nah an seiner Heimat Schutz findet.‹ Zu den Finanzierungsproblemen des UN-Flüchtlingshilfswerks (UNHCR) sowie des Welternährungsprogramms, das jüngst Lebensmittelrationen gekürzt hat, sagte Merkel: ›Das kann nicht sein.‹ (...) Ferner setzte sie sich für eine bessere Zusammenarbeit mit Russland bei der Bekämpfung der Fluchtgründe für Menschen aus Krisenregionen ein. ›Wir müssen die Ursachen von Krieg (...) beseitigen.‹ Dazu sei die internationale Zusammenarbeit nötig – mit den USA, aber auch mit Russland. ›Sonst wird es keine Lösung geben.‹«[3]

Dem Zitat ist alles Nötige über die politischen Intentionen, die sie mit der humanitären Aktion verbindet, zu entnehmen. Sie entwickelt hier *erstens* eine bemerkenswerte Zielvorgabe, baut den Schutz der EU-Außengrenzen, bisher das Zentrum exkludierender Flüchtlingspolitik Deutschlands, in die Lösung eines neu *global definierten Weltflüchtlingsproblems* ein, das *alle Regionen* einschließt, in denen sich die Abfallprodukte der imperialistischen Weltord-

[3] www.focus.de/politik/deutschland/migration-merkel-aufnahme-von-fluechtlingen-war-richtig_id_4943101.html

nung auf ihrer Flucht bewegen: Die »Herkunftsländer«, Krisenregionen genannt, spricht sie ebenso an wie die Flüchtlingslager in den jeweiligen Nachbarländern, jene Regionen, die als Transitzonen bekannt sind, ebenso wie die Länder an der Peripherie Europas, bei denen nach der Dublin-Verordnung die Hauptlast bei der Erstversorgung, Unterbringung und Registrierung liegt. In all den Regionen sollen Flucht und Fluchtbewegungen unter *politische Kontrolle* gebracht werden. *Zweitens* umreißt sie *die Mächte*, die bei der »Lösung des Flüchtlingsproblems« gemäß ihrer Vorstellung mit an Bord müssen. Die betonte Erwähnung von Russland – neben den USA und Europa, dem UNHCR und anderen UN-Hilfswerken – fällt dabei in einer Zeit, in der Russland anlässlich der Ukraine-Krise vom Westen aus der G 8-Weltpolitik ausgemischt und zur »Regionalmacht« (Obama) degradiert werden soll, schon auf. Merkel nimmt sich heraus, für das von ihr neu eröffnete global angelegte Programm zur Bewältigung der »Flüchtlingskrise« auch die Rolle der Weltmächte ungeachtet US-amerikanischer Prioritäten neu zu definieren. *Drittens* lässt sie keinen Zweifel daran aufkommen, dass dieses Programm sowohl die *Einmischung* in existierende »Krisenfälle« einschließt – sie spricht mit dem Hinweis auf »Kriegsregionen« nicht allein den Syrienkrieg an –, als auch das Eingreifen in die Betreuung von auswärtigen Flüchtlingslagern, mithin in Angelegenheiten der entsprechenden Souveräne und in die von Staaten, die als Transitstaaten auf der Fluchtlandkarte verzeichnet sind. *Viertens* gibt sie zu verstehen, dass sie konkrete Vorstellungen von *Einzelmaßnahmen* hat, mit denen die »Lösung des Flüchtlingsproblems« angegangen werden muss. Da wird die Türkei mit ihrer Lagerpolitik gleich mal programmatisch auf den Schutz der EU-Außengrenzen verpflichtet, für Flüchtlingslager die »Heimatnähe« als Standort vorgegeben, die Finanzierung der Lagerversorgung zu einer Sache erklärt, an der sich die Staatenwelt über das UNHCR – verstärkt natürlich – zu beteiligen habe. Zudem wird für laufende Kriege, wie den in Syrien, eine neue Betrachtungsweise empfohlen: Die stellen, Merkel zufolge, Fluchtursachen dar und müssten als solche von denen beendet werden, die ihn gerade führen. Dabei weiß die Kanzlerin natürlich sehr genau, dass die Einmischung der USA und der EU in diesen Vielfrontenkrieg etwas andere Ziele verfolgt; ist sie doch selbst mit von jener Partie, die immer mehr Syrern Gründe zur Flucht liefert.[4] *Fünftens* macht sie mit ihren apodiktischen Schlussworten klar, dass sie die Arbeit an der »Lösung« nicht etwa nur unverbindlich als Testballon in den Ring der konkurrierenden Weltmächte wirft, sondern dass es ihr mit dieser Neudefinition der »Flüchtlingsproblematik« ernst ist.

Nicht nur Merkels fast zum Wort des Jahres erhobene Versicherung – »wir schaffen das« – unterstreicht dies, sondern auch die Zusatzerklärungen des Finanzministers deuten Unterstützung an. Der weist gleich nach Merkels »Alleingang« darauf hin, dass die deutsche Finanzlage mit ihrer »schwarzen Null«, sprich: mit den steuerlichen Resultaten deutscher Erfolge auf dem Weltmarkt, eine *Finanzmacht* sicherstellt, mit der sich einiges anfangen lässt. Es ist eben nicht nur der unbedingte *Wille*, der dem staatlichen Interesse an neuer, globaler Flüchtlingspolitik seine Wucht verleiht, sondern vor allem auch die deutsche *Fähigkeit* als einer – in Europa ohnehin konkurrenzlosen – ökonomischen Macht, welche die Glaubwürdigkeit solcher Reden der Kanzlerin unterfüttert.[5]

Auf dem CDU-Parteitag im Dezember 2015 hat die Kanzlerin zusätzlich den *Anspruch*, den sie mit solcher Weltflüchtlingspolitik verfolgt, in einer »großen Rede«[6] entwickelt. Sie konnte darüber sogar die zerstrittene Partei – wenigstens zunächst einmal – hinter sich versammeln. Kein Wunder, denn in dieser Rede hat sie die neue deutsche Flüchtlingspolitik in die Kontinuität deutscher Siege und Eroberungen nach 1945 gestellt: Nach Erhards »Wirtschaftswunder«, das die Grundlage für Westdeutschlands neue *ökonomische* Größe nach dem verlorenen Weltkrieg gelegt haben soll, nach Kohls »Wiedervereinigung«, mit der Deutschland *territorial und politisch* vor allem in Europa an Gewicht gewonnen hat, sorgt

---

[4] Siehe das Kapitel 3: »Fluchtursachen«.

[5] Deutschland ist obendrein nicht nur weiterhin eine starke Exportnation, sondern hat sich mit seinem Reichtum bei der Regelung der Finanzkrise führend engagiert, die Rettung des Euro vor allem – aber nicht nur – auf Kosten Griechenlands vorangetrieben und sich jüngst auch sonst selbstbewusst immer mit an den Tisch gesetzt, wenn der Westen »Krisen« wie in der Ukraine und Zerwürfnisse mit Staaten wie dem Iran lösen wollte.

[6] www.cdu.de/artikel/rede-von-angela-merkel-0

nun die Kanzlerin Merkel, so die Kanzlerin Merkel, dafür, *dass die Saat dieser Erfolge aufgeht und Deutschland im Konzert der Weltmächte mit eigener, global angelegter Flüchtlingspolitik neuen Einfluss und darüber auch neues Ansehen bei den Ko-Imperialisten gewinnt.* Diese Darlegung, die den versammelten Berufsnationalisten der Partei deutlich machen sollte, dass Merkel mit der von ihnen mehrheitlich verurteilten Grenzöffnung nichts als *Deutschlands Größe und internationale Machtentfaltung* verfolgt, hat schwer überzeugt.[7] Strotzend vor offensiv vorgetragenem, *deutsch-nationalem Selbstbewusstsein*, kein bisschen mit defensiven Entschuldigungen für Übertreibungen bei der Flüchtlingsimmigration aufwartend, rief sie dem Parteitag ihr »Wir schaffen das!« zu. Und welcher Parteifunktionär wollte diesen neuen imperialistischen Aufbruch mit der Kanzlerin nicht »schaffen«.

Dass dieses Programm, mit dem Merkel-Deutschland sich als Flüchtlingsmacht neu in der Welt positionieren möchte, von der Kanzlerin über die *»Hilfe für die Schutzbedürftigen«* eingeleitet wird, ist *einerseits* eine freche Lüge. Denn noch jedem Gesichtspunkt dieser neuen deutschen Außenpolitik ist zu entnehmen, dass es nicht um die Behebung der Probleme geht, die Flüchtlinge *haben*, sondern nur um die Befassung mit denen, die sie auf ihren Fluchtwegen und im Zielort ihrer Flucht den Staaten *machen*, auf die sie auf dieser Fluchtroute treffen. *Andererseits* verhält es sich auch nicht so, dass sich die Flüchtlinge mit ihrem Elend in all dem, was von Merkel angekündigt worden ist, herauskürzen. Immer wird – zunächst nur als Ankündigung – daran Maß genommen, dem großen Fliehen irgendwie Einhalt zu gebieten; was nach Merkels Worten nicht geht, ohne dass einige der Probleme, die die Flüchtlinge haben, dabei irgendeiner humanitär-zivilen, staatlichen oder suprastaatlichen Behandlung zugeführt werden. In der Tat: Wenn Staaten verhindern wollen, dass Menschen aus ihrer Heimat fliehen, wenn sie in Lagern erneut die Flucht ergreifen und ungebeten und unerlaubt Grenzen überwinden, sich in die Obhut von Schlep-

[7] Einerseits wenigstens. Dass – andererseits – die Bedenken vor allem aus der CSU damit nicht ausgeräumt waren, hat Gründe, über die später zu sprechen sein wird.

perbanden begeben, dann werden diese Staaten eben auch zu Maßnahmen greifen, die immer die dazu passende Form von Schutz vor Ertrinken, Erfrieren, Verdursten, Verhungern, Ersticken etc. enthalten. Natürlich will die Kanzlerin mit dem Verweis auf die humanitäre Grundhaltung ihrer Politik, mit dem »freundlichen Gesicht, das Deutschland zeigt«, *international* Punkte machen. Zugleich bietet sie eine Sicht ihrer Politik an, die es den *skeptischen Flüchtlingsfreunden* im Inland erlaubt, diese Politik im Geiste eines nationalen, der Humanität verpflichteten Politikideals zu deuten, sie damit zu billigen und ihren Frieden mit ihr zu machen. Den *Flüchtlingsfeinden* von Pegida oder der AfD legt sie die Überlegung nahe, einmal zu prüfen, inwieweit nicht auch in ihrem Deutschlandbild eine allseits wegen ihrer Humanität geachtete Heimat Platz hat.

## Asylrecht ausgehebelt

*Anlass* für diesen »Paradigmenwechsel«, der in der Tat vorliegt, wenngleich in ganz anderer Weise, als es kritische Journalisten wahrhaben wollen, sind die Veränderungen in den Fluchtbewegungen der letzten zwei Jahrzehnte: nicht nur der *Masse*, sondern auch dem *Tempo des Ansturms* und vor allem ihrer *Herkunft* nach. Nicht enden wollende Flüchtlingsströme aus mehreren Kontinenten sorgten und sorgen noch für einen sich verdichtenden Zustrom aus aller Herren Länder an der europäischen bzw. an der deutschen Grenze. Trotz ständig verschärfter Grenzkontrollen, kalkulierter Abschreckungspraktiken und kaum versteckter Anweisungen an die Frontex-Kommandos, nicht um jeden Preis Menschenleben zu retten, riss und reißt die »Flüchtlingsflut« nicht ab. Sie sprengt die Dublin-Regelungen: Griechenland und Italien sehen sich nicht in der Lage und sind deswegen auch nicht mehr *bereit*, diese Mengen an Flüchtenden, die auf dem Landweg oder zu Wasser an ihren Grenzen angespült werden, gemäß europäischer Vereinbarungen zu betreuen. Was sich 1997 beim Inkrafttreten der Dublin-Verordnungen noch wie die logische Konsequenz der vereinbarten gemeinsamen europäischen Außengrenze[8] ausnahm und

[8] Dem Schengen-Übereinkommen trat Italien 1990, Spanien 1991 und Griechenland 1993 bei. In jenem Jahr trat es auch endgültig in Kraft.

den Grenzstaaten vielleicht wie ein Stück *besonderer Verantwortung* für gesamteuropäische Flüchtlingspolitik vorgekommen sein mag, das führt inzwischen zu einer Belastung dieser Staaten, die sie prompt an die Flüchtlinge weitergeben. Sie schicken sie weg, lassen sie unregistriert laufen oder in Lagern dahinvegetieren.

Flüchtlinge, die man eigentlich an den EU-Außengrenzen am Einsickern in die Binnenländer hindern wollte, lassen sich einfach nicht fernhalten. Illegal ziehen sie über grüne oder graue Grenzen und stellen bevorzugt in Österreich, Deutschland oder Schweden ihre Anträge. In Deutschland hebeln sie dabei gleich in mehrfacher Hinsicht das reformierte Asylgrundrecht aus, mit dem eigentlich ab 1993 einem wachsenden Ansturm ein Riegel vorgeschoben werden sollte. Die »Drittstaatenregelung« kann gemäß seiner Buchstaben nicht mehr angewendet werden, Art. 16a des Grundgesetzes ist in dieser Hinsicht faktisch außer Kraft gesetzt.[9]

Flüchtlinge in europäische »*Drittstaaten*« zurückzuweisen hätte zur Folge, dass sie von dort entweder erneut weitergeschickt oder unversorgt ihrem Schicksal in Grenzregionen überlassen würden. In kürzester Zeit berufen sich Flüchtlinge in so großer Zahl auf das Asylrecht oder auf die in Deutschland gleichgestellte Genfer Flüchtlingskonvention, die eigentlich für die *Einzelfallprüfung* gedacht waren, dass sie auch von den in Deutschland dafür eingerichteten Behörden nicht ohne lange, erneut kostenträchtige Wartezeiten bearbeitet werden können. Der Rechtsanspruch der Asylbewerber und das Verfahren der Gewährung treten so weit auseinander, dass immer mehr Flüchtlinge untertauchen, ohne das Ende des Verfahrens abzuwarten. Zudem entsprechen ihre *Herkunftsstaaten* nicht mehr jenem schlichten Muster, dem die Instrumentalisierung des Grundrechts auf Asyl noch im Kalten Krieg gefolgt war. Das Entscheidungskriterium aus der Vergangenheit, demzufolge auf jeden Fall und ohne nähere Prüfung der »politischen Verfolgung« asylberechtigt ist, wer sich als Opfer eines kommunistischen oder realsozialistischen Regimes ausweisen kann, greift längst nicht mehr.

---

[9] Was 2011 nach einem Urteil des Europäischen Gerichtshofs für Menschenrechte dazu führte, dass Flüchtlinge aus EU-Staaten nicht mehr nach Griechenland zurückgeschickt werden.

Immer mehr Flüchtlinge kommen aus *Feindes- und Freundesland*. Aus *allen möglichen Gründen* halten sie es unter *allen möglichen Gewalten* nicht mehr aus, von denen viele nicht einmal den Charakter von *Staats*gewalten haben, andere als befreundete Diktaturen einzuordnen sind und wieder andere zu den verbündeten Demokratien zählen. Längst nicht mehr geht die klassische Logik auf, aus der Stellung eines Staates zum westlichen Lager darauf zu schließen, ob »politische Verfolgung« vorliegt oder nicht. Darüber erklärt sich, warum Ablehnungsurteile skandalisiert werden, in denen eine dem Flüchtling bei Ausweisung in der Heimat drohende Folter als *»landesübliche Verhörpraxis«* eingeordnet wird – bei Flüchtlingen aus dem Sowjetblock einst klarer Beleg für die Grausamkeit dieses Regimes –, nur weil der Herkunftsstaat *NATO-Partner* ist. Gleichfalls stößt es öffentlich auf, wenn die Entscheidung, ob ein Bürgerkrieg in einem afrikanischen Staat einer ist oder nicht, nach altem Muster entschieden wird, also nach der Prüfung der weltpolitischen Zuordnung der kriegführenden Parteien.[10] All das ruft immer wieder Kritiker auf den Plan, die Ungerechtigkeit, Doppelmoral, Rückfall in den Kalten Krieg und weitere scheußliche Verstöße gegen jenen humanitären Geist des Asylgrundrechts wittern, den sie ungebrochen weiter in ihm entdecken wollen.

Die prüfenden Behörden müssen umlernen. Sie sehen sich bei der Entscheidung über einen Asylantrag genötigt, die Innenpolitik des Herkunftsstaates weniger nach einem Blick auf dessen Außenpolitik zu untersuchen, als vielmehr allein anhand der vorliegenden Daten über die Art und Weise, wie dieser Staat seine Gewalt nach innen gegenüber seinem Volk einsetzt, also zu beurteilen, ob jene »politische Verfolgung« vorliegt, die in den Asylgesetzen definiert ist.[11] Wo über Flüchtlinge aus Staaten befunden werden muss, die

[10] Warum werden wohl Flüchtlinge aus Syrien von der Einzelfallprüfung ausgenommen und kollektiv mit dem offiziellen Flüchtlingsstatus beglückt, geflüchteten Afrikanern dagegen, die aus Bürgerkriegsländern wie dem Tschad, der Zentralafrikanischen Republik, Mali, Somalia oder auch dem Niger kommen, diese Vorzugsbehandlung vorenthalten? Ja, warum wohl.

[11] Wobei es selbstredend weiter an der Tagesordnung war und ist, dass sich ein und dieselbe Innenpolitik z.B. eines afrikanischen Staates dann einer freundlicheren Beurteilung erfreuen durfte und darf, wenn dieser – meistens

ein Teil von Europa sind oder sich dem Westen sonstwie zuordnen, da koppeln sich die innen- und außenpolitische Beurteilung der Fluchtstaaten zunehmend voneinander ab. Die global angelegte Migrationspolitik, die Kontrolle über das gesamte Fluchtwesen erreichen will, erschöpft sich nicht in einer Instrumentalisierung des Grundrechts.[12] *Flüchtlingspolitik* und das *Grundrecht* auf Asyl treten auseinander.

## Scheitern und Selbstkritik

Wenn deutsche Politiker, Merkel wieder vorne weg, davon reden, dass die Flüchtlingspolitik der letzten Jahre bzw. Jahrzehnte *gescheitert* und deswegen *Selbstkritik* angesagt sei, dann meinen sie nicht in erster Linie diese verwickelten Verhältnisse von Asylgrundrecht und Politik, sondern schauen auf das unaufhaltsame Eindringen von Massen unbestellter, unerwünschter geflüchteter Ausländer und stellen fest, dass keine Grenzschutzmaßnahme sie davon abhält, hier Asyl zu beantragen. Sie nehmen zur Kenntnis, dass selbst *abgelehnte* Asylbewerber mithilfe von Flüchtlingsanwälten Rechtsgründe finden, die ihnen irgendeine Sorte befristeten Bleibe- oder Aufenthaltsrechts erlauben – wenn sie denn nicht gleich bei Verwandten oder Landsleuten untertauchen. Dass die Regierung Merkel nach Jahren immer neuer Beschlüsse zur Eindämmung der Flüchtlingsflut an Europas Außengrenzen aus der Diagnose, dass Dublin I-III und entsprechende Bestimmungen des Asylgrundrechts zur *Makulatur* geworden sind, nun einen ganz neuen politischen Beschluss ableitet – den eben dargestellten »Paradigmenwechsel« –, dann ergibt sich das jedoch nicht aus dem selbstkritischen Befund des Scheiterns. Aus dem würde nichts anderes folgen als eine neue Offensive bei der Abdichtung der Schengengrenzen, ergänzt um das Wiederinkraftsetzen der Dublin-Regelungen, also eine effektivierte Fortsetzung jenes Programms, dessen

---

mit klimpernder Nachhilfe – vernünftig und damit Parteigänger des Westens geworden war. Europäische Politiker empfehlen z.B., Flüchtlinge aus Eritrea weniger wohlwollend zu behandeln, weil die Regierung von Eritrea zugesagt hat, Beziehungen zum Westen in Betracht zu ziehen.

[12] Eine Ausnahme macht die Beurteilung der »sicheren Herkunftsstaaten«, auf die im nächsten Kapitel noch einmal eingegangen wird.

Scheitern von der Politik festgestellt worden ist. *Der Schlussfolgerung, die Merkels flüchtlingspolitische Offensive bestimmt, liegt dagegen das nationale Selbstbewusstsein einer Staatsmacht zugrunde, die mit ihrer weltpolitischen Rolle im zweiten Glied nicht zufrieden ist und aus ihrem Status als Führungsmacht in Europa ableitet, dass ihr mehr an Einfluss in der Konkurrenz ums Weltordnen zusteht.* Mit einer globalen Neuausrichtung deutsch-europäischer Migrationspolitik will die deutsche Regierung gewissermaßen mehrere Fliegen mit einer Klappe schlagen: Indem sie Flüchtlingspolitik neu als eine zentrale Aufgabe beim westlichen Weltordnen definiert, will sie erstens verantwortlich dazu beitragen, dass die Weltmächte weltweit jene Flucht-Störfälle in den Griff bekommen, die als Kollateralschäden aus ihrer imperialistischen Weltbemächtigung erwachsen, sich darüber zweitens den Status einer praktischen Definitions- und Exekutionsgewalt erarbeiten, deren Wirken über die »Lösung des globalen Flüchtlingsproblems« im engeren Sinne hinausgeht, und dabei drittens zugleich Europa mit in die Pflicht nehmen.

»Wenn die Globalisierung zu uns kommt, können wir uns nicht wegducken«, sagt die Kanzlerin in ihrer bilderreichen Sprache und definiert damit auch die *Flüchtlingsströme neu.* Sie gehören dauerhaft zur »globalisierten Welt«, sind damit *einerseits* nichts als *Globalisierungsopfer*, für die alle führenden Mächte deswegen in Sachen Kontrolle, Betreuung, Unterbringung und neuer Beheimatung auch *global* zuständig sind, weil – so die neue Redeweise – es nicht von der Hand zu weisen ist, dass sie für deren Elend mitverantwortlich sind. *Andererseits* sind diese unaufhaltsamen Flüchtlingsmassen Teil einer *volatilen Weltbevölkerung*, die ein Beleg dafür ist, dass in dieser »globalisierten Welt« die überkommene Form der Rekrutierung der Staatsvölker überholt ist, Staatsvölker sich nicht mehr allein aus sich heraus, also ausschließlich autochthon rekrutieren. Vielmehr haben Staaten Menschen aufzunehmen, die es aus freiem Entschluss oder in die Flucht getrieben in andere Weltgegenden zieht. Daraus ergibt sich der *innenpolitische* Auftrag Deutschlands und Europas, Alteingesessene und Einwanderer miteinander so zu »versöhnen«, dass die Funktion des klassischen Staatsvolks als Ressource der Herrschaft darunter nicht nur nicht leidet, sondern vielleicht sogar zusätzliche Bedeutung erhält. Nichts anderes als die Bereitschaft und die Fähigkeit, sich diesen beiden Aufgaben zu stellen, will Merkels Regierung mit der Grenzöffnung unterstreichen. »Wir schaffen das!« – und zwar Beides.

# 7. Deutsche Flüchtlingspolitik als imperialistische Offensive

## Das Programm: Bewältigung einer Daueraufgabe

Eine Regierung, die beschließt, sich der weltweiten Flüchtlingsbewegungen anzunehmen, verabschiedet sich vom Standpunkt, dass es sich dabei bloß um *Kollateralprodukte* westlichen Weltordnens handelt, also um im Prinzip zu vernachlässigende unschöne Wirkungen, die nebenbei und vor allem nur von karitativen Einrichtungen zu betreuen und als ungebetene Eindringlinge abzuwehren sind. Die nimmt sie vielmehr als *kontraproduktive Wirkungen des Imperialismus ernst,* denen auf der Tagesordnung der Politik der Weltmächte ein angemessener Platz eingeräumt werden muss – wie dies inzwischen beim »Klimawandel« und den antiwestlichen Terrorgruppen, also anderen selbst produzierten oder als Reaktion auf Interventionen in »Schurkenstaaten« hervorgerufenen Störungen des imperialistischen Betriebs der Fall ist. Sie entdeckt darin eine vernachlässigte politische Aufgabe, für die sie sich jetzt zuständig erklärt.

Der *Störungen*, die weltweit von den Fluchtbewegungen der Millionen ausgehen, nimmt sich die neue Weltflüchtlingsmacht Deutschland unter folgenden Gesichtspunkten an: *Sie müssen durch Fluchtursachenbekämpfung, politische Beherrschung der Fluchtbewegungen und Lagerpolitik so effektiv eingedämmt werden, dass Flüchtlinge nicht unkontrolliert im Schlepptau der Schleuser die Zielländer – vor allem Europa und darin insbesondere Deutschland – überschwemmen. Dabei stellt sich für Teile der Flüchtlinge zugleich die Frage nach ihrer Unterbringung bzw. Beheimatung neu: Wohin mit ihnen und was tun wir mit ihnen, wenn sie in ihrer Heimat absehbar keine (Über-)Lebensperspektive haben?* Dabei wiederholen Merkel & Co. ständig, dass sie es mit einer Aufgabe zu tun haben, die den führenden Weltmächten in allen Abteilungen als *Dauerproblem* erhalten bleibt. Das entbehrt, immanent betrachtet, nicht einer gewissen Unlogik. Der Flucht*ursachen*bekämpfung wird auf der einen Seite neue, über das rein deklamatorisch-platonische Bekenntnis von einst hinausgehende Bedeutung beigemessen. Auf der anderen Seite geht diese Politik zugleich von ihrem *Scheitern* aus, wenn sie diese zur Daueraufgabe erklärt. Im Keim das Flüchten zu ersticken, d.h. für Menschen in ihren Ländern Verhältnisse zu schaffen, in denen sie ihr Leben organisieren können, ohne gleich an Flucht zu denken, das scheint realitätsfern zu sein. *Dieses Programm geht also – sehr realistisch – davon aus, dass Massenflucht eine nie völlig zu eliminierende Begleiterscheinung des Wirkens der Weltmächte in der »globalisierten Welt« ist.*

Wenn es permanent Menschen in allen möglichen Weltgegenden nicht mehr aushalten und dorthin fliehen, wo sie Reichtum und Wohlstand wissen, ohne dabei dort willkommen[1] zu sein, dann hat das mit Sachzwängen nichts, mit den Interessen sowie der Art und Weise, in der Weltmächte und ihre Verbündeten sich den Globus untertan machen, aber sehr viel zu tun. Westmächte unter Führung der USA stoßen in ihren Anstrengungen, die nach der Kapitulation des Sowjetkommunismus begonnene »kapitalistische Revolution« zu Ende zu bringen bzw. gegen neue Großkonkurrenten abzusichern, auf souveräne kleine Staaten und solche von mittlerer Statur, die ihnen dabei mit eigenen, anders gelagerten Interessen oder mit »bad governance«, sprich: einer Gewalt, die sich vor allem gegen innere antiwestliche Feinde nicht durchsetzen kann, in die Quere kommen: Da entziehen sich solche Staaten z.B. westlicher Bündnispolitik oder setzen gar auf konkurrierende Bündnisse, da sehen sie gar nicht ein, dass allein Kapitalismus und westliche Demokratie menschengemäß sein sollen, und verpflichten ihre Bürger auf andere Sitten, Gebräuche und Glaubensregeln, als sie im Westen wertgeschätzt werden, oder sie wollen zu Geld gemachte Reichtümer ihres Landes für eigene nationale Ziele verwenden, ohne sie auf dem Weltmarkt der westlichen Konkurrenz mit überlegener Produktivität zu überantworten usw. Den Umgang mit solchen »Störenfrieden« der US-Weltordnung diktiert bekanntlich nie das Prinzip, jeder möge nach seiner Fasson selig werden. Im Gegen-

[1] Was es mit der deutschen »Willkommenskultur« auf sich hat, wird im nächsten Kapitel geklärt.

teil. Die Weltmacht Nr. 1 nimmt sich zusammen mit Verbündeten – mit der, ohne oder gegen die UNO – das Recht heraus, solche Staaten nach deren Verurteilung zu unsicheren Kandidaten, Schurkenstaaten, Terrorregimen oder den »failed states«, die über keine funktionierende eigene Gewalt verfügen, zur Räson zu bringen. Die Mittel, die sie dabei einsetzt, beginnen immer dann, wenn die Diplomatie ausgereizt ist, mit Erpressungen, werden mit Sanktionen und Embargos fortgesetzt, die sich überhaupt nur Weltmarktdominatoren herausnehmen können, und führen nicht selten zum Einsatz des »letzten Mittels«, das bekanntlich nicht nur als »leading from behind« zum Einsatz kommt. Andere Staaten kommen in den Genuss von militärischer Hilfe, mit der sie im Inneren unter feindlichen Clans, Stämmen oder Milizen so aufräumen sollen, dass der westliche Zugriff auf Herrschaft, Land und Leute möglichst schadensfrei erfolgen kann.

Immer leiden unter diesen globalen Aufräumaktionen der Westmächte, mit denen sie die Staatenkonkurrenz für sich entscheiden wollen, ganze *Völkerschaften* oder Teile von ihnen: entweder durch ihre Benutzung oder an ihrer absoluten Überflüssigkeit, dadurch, dass sie Geschäften oder Bomben einfach im Wege sind, oder weil sie als innere Feinde verfolgt und vertrieben werden. Sofern sie sich dann auf die Flucht machen, massenhaft Grenzen ignorieren, mit Transit oder Lagerbildung betroffene Staaten herausfordern, schließlich die Rücksichtslosigkeit besitzen, in Wüsten, Meeren oder auf Autobahnen umzukommen, während der Rest erneut Grenzregime in Unordnung bringt und ebenso unbefugt wie unerwünscht in die kapitalistischen Metropolen eindringt, werden sie von eben jenen Mächten, die ihre Heimatstaaten aufmischen, zur *Störung des imperialistischen Kerngeschäfts* erklärt. Die deutsche Regierung macht sich jetzt daran, für die *Bereinigung* dieses Kerngeschäfts, an dem sie selbst zwar im zweiten Glied, aber mit enormer Ausbeute an Macht, territorialem Zugewinn und Kapitalreichtum beteiligt ist, mit neuer, global projektierter Flüchtlingspolitik Verantwortung zu übernehmen. Was für Merkels Deutschland ein Unternehmen darstellt, mit dem es neue Bedeutung in der Konkurrenz um Erfolge beim westlichen Weltordnen erringen will, hat seinem Gehalt nach diese *Bereinigungsfunktion. Die ist deswegen auf*

*Dauer angelegt, weil mit ihr die Fluchtbewegungen so kontrolliert werden sollen, dass sie die herrschenden Zwecke der Weltmächte nicht beeinträchtigen, bei deren Durchsetzung eben diese Fluchtbewegungen immer wieder hervorgebracht werden. Ein hübscher Widerspruch, der jede Menge Handlungsbedarf einschließt.*

### Fluchtursachenbekämpfung

Wenn deutsche Politiker es dabei für vordringlich erklären, sich den *Fluchtursachen* zuzuwenden, dann spricht alles dagegen, das mit dem Vorhaben gleichzusetzen, die Lage der Menschen in den Fluchtstaaten endlich so gründlich zu verbessern, dass sie an Flucht nicht mehr denken. Es erweist sich erneut, dass offenbar Fluchtursachen und Fluchtursachen nicht dasselbe sind. *Wovor* die Menschen fliehen – vor Hungersnot, Vertreibung, Verfolgung, Armut oder Bürgerkrieg –, ist das eine, die tatsächlichen *Ursachen* für Verhältnisse, in denen es die Menschen nicht aushalten, sind das andere. Um Letztere kann es der Fluchtursachenbekämpfung, wie sie deutsche Politik angehen will, kaum gehen: Es würde den Politikern der westlichen Führungsmächte nicht im Traum einfallen, sich mit ihren hegemonialen Interessen aus der Welt zurückzuziehen, würde Deutschland sie als Fluchtursachen identifizieren. Halten sie diese doch – und das sehen deutsche Außenpolitiker ebenso – für die Realisierung der Menschheitsträume von Frieden, Freiheit und Wohlstand.

#### ■ *... im Westbalkan*

Ob und inwieweit es bei der Fluchtursachenbekämpfung durch westliche Politik überhaupt darum geht, jene Umstände, *vor* denen Menschen fliehen, aus der Welt zu schaffen, ist keine offene Frage. Man sollte sich vor der Verwechselung zwischen den *Fluchtgründen*, die Menschen *haben*, und deren *Anerkennung als berechtigte* durch die Politik der Zielstaaten hüten. Wenn das Asylgrundrecht, das in seiner reformierten Fassung zwischen Verfolger- und *»sicheren Herkunftsstaaten«* unterscheidet, zur Anwendung kommt, und wenn die Politik parlamentarisch eine neue Liste »sicherer Herkunftsstaaten« verabschiedet, dann sind einige Fluchtgründe schon mal »beseitigt«, ohne dass sich an der Lage der Menschen in diesen

Herkunftsstaaten irgendetwas geändert hat. Und genauso verfährt die deutsche Flüchtlingspolitik: Große Flüchtlingskontingente aus den Staaten des *Westbalkan* werden ab 2015 deswegen in ihre Heimat zurückgeschickt,[2] weil die Menschen – laut deutscher Liste – in ihnen vor *politischer Verfolgung* inzwischen sicher sind.[3] Dass diese Balkanbewohner ganz andere Fluchtgründe haben, ihnen jede Aussicht genommen war und wohl auch in absehbarer Zeit nicht wieder eröffnet wird, *materiell* auf einen grünen Zweig zu kommen, ist für die asylpolitische Beschlusslage erst einmal nicht von Belang. Wichtig ist die asylpolitische Konsequenz: »Eine Asylberechtigung liegt nicht vor!«

In anderer Hinsicht wird auf die materiellen Fluchtgründe der Westbalkanesen allerdings schon Bezug genommen, nur nicht so, wie es sich die Flüchtlinge vielleicht ausgemalt haben: Immerhin wurde den Westbalkanstaaten nach ihrer (Selbst-)Befreiung von »Titos Arbeiterselbstverwaltungsjoch« der Beitritt zur EU in Aussicht gestellt, von dem sich diese jungen Staatsgebilde einiges erhofften. *Ökonomisch* den Interessen des EU-Kapitalismus schnell subsumiert und darüber zügig mit einer in großen Teilen nicht mehr gebrauchten Arbeiterbevölkerung gesegnet, *politisch* aber immer noch ausgegliedert, wird ihnen nun zur Eintrittsauflage gemacht, ihr Volk, das auf der Flucht die von den syrischen Flüchtlingen benutzten Fluchtwege verstopft, beieinander zu halten und im Land irgendwie mit Minijobs etc. auszustatten oder sonst wie im Land zu binden. Westliche, als »Hilfe zur Selbsthilfe« deklarierte Anschubhilfe wurde dafür in Aussicht gestellt.

Es ist diesem *besonderen Fall* geschuldet – diese EU-Anwartsländer haben zudem natürlich von sich aus das Interesse, zu »sicheren Herkunftsländern« erklärt zu werden –, dass Armutsflüchtlinge aus dem Westbalkan im offiziellen Sprachgebrauch nicht mehr des Asylmissbrauchs bezichtigt oder gar als »Wirtschaftsflücht-

---

[2] Es gingen die Flüchtlingszahlen aus diesen Ländern – neu waren Serbien, Mazedonien, Montenegro, Albanien, Kosovo und Bosnien-Herzegowina dazu gekommen – auch prompt zurück.

[3] Einen Antrag auf Asyl können die bis zu deutschen Behörden vorgedrungenen Flüchtlinge aus den Westbalkanstaaten zwar noch stellen, die Chance auf Anerkennung aber geht gegen Null.

linge« beschimpft werden. Deren Armut wird in Berlin hochoffiziell als Problem anerkannt, es fällt gar das eine oder andere mitleidige Wort, jedoch nur, um damit den genau überwachten Auftrag an diese Balkanländer zu bekräftigen, mit der noch sehr dysfunktionalen Armut ihrer relativen Arbeiterüberbevölkerung im Inneren selbst konstruktiv fertig zu werden. Mit EU-Vereinbarungen, die auf den regelmäßig stattfindenden Westbalkankonferenzen vor allem über den Infrastrukturausbau – ein neben billigem Arbeiterreservoir gutes Lockmittel für ausländisches Kapital – getroffen werden, wollen die EU-Führungsmächte zugleich sicherstellen, dass eine Aufnahme in den Euro-Raum nicht unter falschen Voraussetzungen erfolgt. Das Griechenland-Desaster ist noch nicht vom Tisch. An die dort unter dem deutschen Euro-Regime hergestellte Volksarmut können sich die per Asyl-Beschluss an der Flucht gehinderten Menschen aus den Westbalkanländern auf diese Weise bereits *vor* Erhalt der Eintrittskarte in den Euro-Raum gewöhnen.

■ *... in Afrika*

Das Vorgehen gegen Massenflucht aus *afrikanischen Staaten* benutzt noch apartere Bestimmungen von Fluchtursachen. Wenn von deutschen und europäischen Flüchtlingspolitikern immer wieder angeregt wird, afrikanische Länder wie etwa »Tunesien, Ägypten, Sudan, Mali und Niger verstärkt bei der *Überwachung und Kontrolle ihrer Landesgrenzen* zu unterstützen«,[4] dann fällt eben unter die *Ursachen* der Flucht auch die *Möglichkeit*, überhaupt über die Landesgrenzen zu entfliehen.[5] Weswegen es nur logisch ist, dass die EU mit GSVP-Operationen (Gemeinsame Sicherheits- und Ver-

[4] Beschlüsse der außerordentlichen Tagung des Europäischen Rates vom 23.4.2015, zitiert nach: www.consilium.europa.eu/de/press/press-releases/2015/04/23-special-euco-statement/.

[5] In der Regierungserklärung vom 15.11.2015 hat Merkel dazu folgende, in sich logisch überzeugende Begründung nachgetragen: »Je mehr in Herkunftsländern dafür Sorge getragen werden kann, dass Menschen sich nicht auf den gefährlichen Weg aus ihrer Heimat machen, umso besser wird es uns gelingen, Fluchtursachen zu bekämpfen, sodass Flüchtlinge gar nicht mehr den Weg antreten.« Zitiert nach: www.bundesregierung.de/Content/DE/Rede/2015/11/2015-11-26-rede-merkel-haushalt.html.

teidigungspolitik) Fluchtstaaten dabei hilft, diese »Ursachen« mit dem Einsatz von Gewaltmitteln zu bekämpfen. Aber auch »*Rückkehrhilfen*« des BMZ (Bundesministerium für wirtschaftliche Zusammenarbeit – das hieß früher »Entwicklungshilfe«) fallen unter dieses Programm: Wer aus Europa oder von Nordafrika aus in sein Herkunftsland *zurückgeschickt* worden ist, dessen Flucht wird die *Ursache angeheftet*, dass sie *gescheitert* ist. Diese Flüchtlinge sollen dann mit West-Hilfe daran gehindert werden, gleich wieder abzuhauen. Die Hilfe, die gewissermaßen die EU-Grenzsicherungsmaßen auf andere Weise ergänzt, heißt ebenfalls »Hilfe zur Selbsthilfe«, was im Klartext nichts anderes bedeutet, als dass diese Hilfe die vorfindliche Not *für sich nicht*, sondern nur unter der Voraussetzung lindert, dass man mit vorhandenen, in der Regel inadäquaten Mitteln und entsprechendem Arbeitseinsatz, also mit vorindustrieller Arbeitsorganisation, den Versuch unternimmt, unaushaltbare Verhältnisse irgendwie aushaltbar zu machen.[6] Weitere Projekte betreffen die Initiierung von »fairem Handel«, der allerdings die Ausbringung von Produkten als Waren auf den Weltmarkt voraussetzt, inzwischen bekanntlich als lukrative Geschäftssphäre erkannt und von Lebensmittelkonzernen angeeignet worden ist. Hinzu kommt das Training zur »friedlichen Konfliktlösung«, in das wieder GSVP-Einheiten involviert sind. Die bringen wahrscheinlich bewaffneten einheimischen Einheiten, die dafür bekannt sind, jeden unerwünschten Ausgang einer demokratischen Wahl mit ihren Mitteln zu korrigieren, das Prinzip der Mediation bei. Dann muss niemand mehr befürchten, Opfer gewaltsamer Auseinandersetzungen zwischen verfeindeten Volksteilen zu werden – kann er doch einfach ein Mediationsverfahren einberufen. Die Flucht*ursache* besteht dann darin, dass in dem Land einfach nur *Formen der friedlichen Konfliktlösung fehlen*. Auf jeden Fall entfällt der Asylgrund »politische Verfolgung«.

---

[6] In BMZ-Publikationen findet man immer wieder die Abbildung von Frauen, die strahlend an einer alten Singer-Nähmaschine irgendwelche Kleider zusammennähen und darüber in die Lage versetzt werden, »ein selbstbestimmtes Leben zu führen«. Siehe www.bmz.de/webapps/flucht/index/php.

Es ist der brutale Zynismus der Maßnahmen, der hier ins Auge springt: Afrikanische Länder mit großen Anteilen von Flüchtlingen gelten in diesem Programm wirklich nur als *Fluchtländer*, die allein unter dem Gesichtspunkt betrachtet und mit Hilfsangeboten konfrontiert werden, die das *Fliehen verhindern* sollen, ohne an den Anlässen oder Ursachen für das Flüchten groß etwas zu ändern. Afrikanische Staaten sollen instand gesetzt werden, die Flucht ihrer Bevölkerung zu verhindern. Der Westen kann sich das gegenüber diesen Staaten leisten. Deswegen kommt es auch schon mal infrage, sie einfach zu »sicheren Herkunftsländern« zu erklären.[7]

■ *... in Syrien*

Ganz anders in *Syrien*. Dort trifft das Programm zur Bekämpfung der Fluchtursachen auf eine politische Konstellation besonderer Art. Offensichtlich ist für die meisten Syrer der *Bürgerkrieg* der Grund ihrer Flucht. Frieden hätte demnach das Mittel zu sein, den Exodus aus Syrien zu stoppen und die Rückkehr der Bevölkerung aus den Lagern im Umfeld und aus Europa einzuleiten. Genauso plaudern die westlichen Außenminister daher, die sich in unterschiedlichen Konstellationen zu Friedensgesprächen zusammenfinden – allen voran der deutsche Minister Steinmeier –; allerdings ohne Beteiligung des Oberhaupts jenes Staates, in dem der Krieg tobt. Das ist kein Wunder, denn der Friede soll in Syrien über seine Absetzung einziehen.

Die Großmächte allerdings, neben den USA und Europa auch Russland, verfolgen per Kriegsausweitung, die natürlich nur dem Frieden dient, Ziele, hinter denen das deutsche Anliegen, Syrien auch als Fall der Fluchtursachenbekämpfung ins Visier zu nehmen, fast völlig *verschwindet*. Obendrein ist es eine offene Frage, ob und inwieweit es bei der Fluchtursachenbekämpfung durch westliche Politik überhaupt darum geht, jene Umstände, *vor* denen Menschen fliehen – also Krieg, politische Drangsalierung und religiöse Verfolgung – aus der Welt zu schaffen. Die USA und Europa

---

[7] So gelten Ghana und Senegal bereits als sichere Herkunftsländer. Für Algerien, Tunesien und Marokko wird das nach der Kölner Silvesternacht 2015 ebenfalls überlegt (vgl. Kapitel 9).

wollen mit dem Sturz von Assad den Nahen Osten weiter in westlichem Sinne politisch bereinigen, Russland, noch als Verbündeter von Assad im Geschäft, will seine letzte Bastion am Mittelmeer und damit seine Einflussmöglichkeit im Nahen Osten sichern, die Türkei sieht sich von syrischen Kurden bedroht, Assad selbst will die Herrschaft über sein Staatsgebiet zurückerobern und mit zurückgeholtem Volk das zerstörte Land neu aufbauen, und alle wollen, Frankreich seit den Anschlägen vom November 2015 an vorderster Stelle, den IS eliminieren, der seinerseits mit militärischer Gewalt sein Kalifat gegen alle »Kreuzzügler« und Heiden durchkämpfen will. *Syrien ist damit aktuell der Fall, in dem es um alles andere, nur nicht um den Stopp der Flucht der Syrer geht. Aber zugleich will sich keine der involvierten Parteien – eine Ausnahme bildet der IS – nachsagen lassen, sie würde das Elend der Flüchtlinge aus den Augen verlieren, während sie zugleich mit jeder weiteren militärischen Intervention erneut Syrer in die Flucht schlägt.*

Deutschland ist an allen Fronten dabei. Man will ja nichts anbrennen lassen: Es leistet erstens militärische Ausbildungshilfe z.B. bei den kurdischen Peschmerga, liefert ihnen Waffen wie die Panzerabwehrlenkrakete »Milan« – mit deren Einsatz wohl kaum Fluchtursachen bekämpft werden. Man ist zweitens bei den Friedenskonferenzen dabei, muss aber in Kauf nehmen, dass jede beteiligte Macht Frieden anders definiert und andere Friedensziele mit immer neuen Bombenabwürfen durchsetzen will. Und man will drittens für sich in der Anti-IS-Koalition die Leitung der internationalen »Arbeitsgruppe Stabilisierung« reservieren. In der kommt dann die Flüchtlingspolitik so richtig zur Geltung: In befreite und »stabilisierte« Gebiete in Syrien und im Irak kann die geflohene Bevölkerung zurückkehren und unter deutscher Anleitung mit dem Wiederaufbau beginnen.[8] Wer sagt denn, dass sich das Prinzip der »sicheren Herkunftsländer« nicht in kleinen Dosen durchsetzen lässt – auch wenn drum herum der Krieg tobt?[9] Die Zustimmung

---

[8] Nach: R. Hermann, Politisch, militärisch, humanitär. Deutschland leistet wichtige Beiträge in Syrien und im Irak; in: faz.net, 14.7.2015

[9] Dazu passt, dass für syrische Flüchtlinge ab 2016 die Einzelfallprüfung wieder beschlossene Sache ist. Für Afghanistan haben deutsche Politiker Ähnliches angeregt: Flüchtlinge aus »sicheren Landesteilen«, die solange

der amtierenden Regierungen von Damaskus und Bagdad zu dem Programm wird dabei vorausgesetzt. Kein deutscher Politiker kann sich vorstellen, dass diese Regierungen etwas gegen eine Sorte Hilfe einzuwenden haben, mit der Friedens- und Flüchtlingsfreunde den Staatsaufbau in »befreiten Gebieten« in Angriff nehmen.

*

Es ist festzuhalten: Diese Fluchtursachenbekämpfung untersucht Herkunftsstaaten weder nach dem Buchstaben des Asylrechts, also danach, ob innenpolitische Verfolgung vorliegt oder nicht, noch leitet sie daraus ab, ob so ein Staat mehr Feind oder mehr Freund ist. In allen drei exemplarisch abgehandelten Fällen ist Deutschland damit konfrontiert, dass *die Einmischung in Flüchtlingsfragen immer gleich eine Einmischung in die übergeordneten Weltordnungsprobleme ist,* die in Afrika, im Nahen Osten, in Europa und demnächst vermehrt wohl auch in Vorderasien von den konkurrierenden Weltmächten und ihren Bündnispartnern »gelöst« werden. Die Beurteilung der inneren Verhältnisse der Fluchtstaaten setzt deswegen gleich auf einem anderen Level an: Sie befasst sich mit der Frage, *welche Rolle diese Staaten für die Interessen spielen, die die Weltordnungsmächte mit ihnen verfolgen,* seien es politische, ökonomische, sicherheitsmäßige oder gleich militärische.[10] All das setzt sich fort in der...

### ... Betreuung von Lagerländern

Eine auf Dauer angelegte globale Flüchtlingspolitik entdeckt auch in den *Lagern,* die rund um Herkunftsstaaten entstehen, einen Handlungsbedarf, der nicht befristet ist. »Stabilisierung der Lebensverhältnisse in den Lagern« (Steinmeier) heißt der programmatische Titel, unter dem er in Angriff genommen wird. Er verrät schon viel über Voraussetzungen, Absichten und Mitteleinsatz dieses Programms. Es setzt sich damit auseinander, dass die Massenfluchten nicht nachlassen, solange dem *imperialistischen In-*

---

»sicher« sind, wie NATO-Einheiten sie vor der Taliban-Einnahme schützen, hätten dann keinen Rechtsanspruch auf Asyl.

[10] Ob bzw. wie das von deutschen Behörden umgesetzt wird, die nach wie vor jeden Antrag auf Asyl nach dem Asylgesetz zu prüfen haben, wird zu einer davon getrennten Frage.

*teresse* an hegemonialem Zugriff auf »Schurkenstaaten« und an benutzbarer Zurichtung der übrigen Staatenwelt nicht Einhalt geboten wird. Da das ganz jenseits deutscher Fluchtursachenbekämpfung liegt – wie sollte die daran beteiligte deutsche Politik auch einen kritischen Begriff davon haben –, diese obendrein nichts an den *Verhältnissen* ändert, die Menschen nicht aushalten; da zudem weder westlich finanzierte Grenzanlagen in den Herkunftsstaaten den erwünschten Abschreckungseffekt haben noch dort errichtete »sichere Zonen« als Bleibeanreiz überzeugen – Not kennt eben tatsächlich weder »Gebot« noch »Angebot« –, ergibt sich ein Handlungsbedarf nicht nur aus den schon *vor Zeiten eingerichteten* Lagern, sondern zudem aus einem weiterhin *nicht endenden Zustrom* in diese Depots für Emigranten.

Die Flüchtlinge sollen, so die Absicht aller Interventionen, erstens dort bleiben und nicht über Balkanrouten oder das Mittelmeer gen Europa weiterziehen. Zweitens sollen sie sich »heimatnah« (Merkel) einrichten, um für den Fall der Beendigung von Kriegen, Bürgerkriegen und anderen Verwüstungen flott den Rückmarsch in ihre Heimat antreten zu können. Dort sollen sie den alten oder neuen politischen Herren als Ressource für den Wiederaufbau oder den nächsten Versuch zur Befriedung der Lebensverhältnisse zur Verfügung stehen; was dem Leben in der alten Heimat zwar keine materielle Perspektive, aber immerhin einen patriotischen Sinn verleiht.[11] Oder sie sollen sich – dies die dritte Alternative – in der Region neue politische Herren suchen, wie das vor ihnen schon anderen gelungen ist.[12] Es ist dies ein Programm, dessen Brutalität da-

[11] Sogar die Frage, ob sich nicht auf Dauer aus Großlagern Flüchtlings-Enklaven mit etwas Infrastruktur und Arbeitsleben machen lassen, liegt auf dem Tisch. Bundespräsident Gauck hat im Januar 2016 auf dem Weltwirtschaftsforum in Davos die Errichtung von »Sonderwirtschaftszonen« für Flüchtlinge in Nordafrika angeregt. Diejenigen, denen solche Vorschläge einfallen, haben wahrscheinlich an Palästinenserlager im Libanon, in Syrien oder Jordanien gedacht – der Gazastreifen ist eigentlich auch nur ein solches Lager –, die schon so lange existieren, dass sie nicht mehr den Lagern zugerechnet werden, deren Lebensqualität sich aber von der in den Lagern nicht positiv abhebt.

[12] Man denke an die von Israel in alle Welt vertriebenen Palästinenser, die inzwischen in einigen Staaten der Region, wie etwa in Jordanien, in der

rin besteht, dass das Leben in Lagern unter lebensunwerten Bedingungen für viele Flüchtlinge zur *Existenzform auf Dauer* wird. Die Einrichtung in solch einem Lebensprovisorium, in dem die Menschen in der Regel von Möglichkeiten abgeschnitten sind, im Lager selbst oder in seinem Umfeld mit eigener Initiative das Leben etwas zu verbessern, hängt damit von Zuwendungen durch karitative Einrichtungen und/oder von Hilfsmaßnahmen der Lagerländer, also von deren Interesse und Goodwill ab. Berichte über Hungersnöte, Wasserknappheit und Epidemien in den Lagern verweisen darauf, dass die Betreuung der in Lagern Gestrandeten geradezu dazu auffordert, diesen irgendwie wieder zu entfliehen. Für den Teil der Lagerinsassen, der dazu noch fähig ist und über die nötigen Geldmittel verfügt, ist das Lager nur die *Zwischenstation auf ihrer Flucht*.

Mehr Hilfe ist dort dringend nötig, aber nur so viel, wie es braucht, damit die Menschen mehrheitlich in den Lagern *ausharren*. Diese Hilfe, an der sich Deutschland mit etlichen Millionen Euro beteiligt, nimmt nicht Maß an dem, was die Menschen an elementarer Versorgung brauchen, wenn sie denn schon im Lager leben müssen, sondern ist erkennbar vom Interesse diktiert, die Fluchtströme nach Europa zu *reduzieren*. Allerdings stößt diese politisch kalkulierte Hilfe auf entgegengesetzte Interessen der *Lagerländer*. Denen sind in der Regel die Flüchtlingslager in mehrfacher Hinsicht ein Dorn im Auge: Teile ihres Territoriums sind von illegal eingedrungenen Elendsgestalten okkupiert, die Kosten für Errichtung und Bewachung der Lager, für Verpflegung und medizinische Hilfe bleiben zu Teilen an ihrem Staatshaushalt hängen, die Lagerinsassen werden von der einheimischen Bevölkerung vielfach beargwöhnt, werden sie doch oft missliebigen Völkerschaften und Religionsgemeinschaften zugerechnet, und immer öfter schließlich dienen die Lager rund um Syrien dem verfeindeten IS dazu, den Insassen die Alternative IS statt Flucht mit Aussicht auf Sold, Verpflegung und den Märtyrertod schmackhaft zu machen. Eine Ausdünnung von Lagern durch Flucht der Insassen

---

zweiten oder dritten Generation Bürger geworden sind – natürlich solche mit Migrationshintergrund.

oder ihre Schließung käme den Lagerländern entgegen, bringt sie damit aber in Gegensatz zur deutschen Initiative.

Die Führung der *Türkei* hat sogar die politische Statur, diesen Gegensatz für sich auszunutzen. Von der deutschen Regierung mit dem Ansinnen konfrontiert, die Lager mit den vorwiegend syrischen Flüchtlingen abzudichten, reagiert der türkische Staat mit Gegenforderungen, die mit den Flüchtlingsbewegungen nichts, mit türkischen Interessen in der Region und gegenüber der EU aber sehr viel zu tun haben. Statt sich auf den Status eines Lagerlandes reduzieren zu lassen, das die Abwanderung der Flüchtlinge nach Europa gemäß deutscher Vorgaben zu verhindern hat, versucht die türkische Regierung aus der Hoheit über die eingelagerten Syrer Kapital zu schlagen. Im Schacher um die politischen Kosten der Abriegelung der türkischen Lager sieht sich Deutschland mit Fragen konfrontiert, die u.a. die Erweiterung der EU um diesen bisher auf Distanz gehaltenen Kandidaten – einschließlich des visapflichtfreien Europazugangs türkischer Bürger – betreffen, und zudem die Entscheidung einschließen, ob bzw. wie man sich in die Konfrontation zwischen der Türkei und den syrischen Kurden einmischen soll.[13]

Wenn von deutscher Politik Länder, in denen Lager existieren, zu Lagerländern erklärt, andere als Flucht-, Verfolger- oder Herkunftsstaaten definiert werden und wieder anderen das Etikett Transitländer angeheftet wird, dann sind das Etikettierungen, die nichts über die nationalen Zwecke dieser Staaten, aber viel über das einzige Interesse aussagen, das die hiesige Flüchtlingspolitik an solchen Staaten hat und ihnen gegenüber verfolgt. Ob solche interessierte Abstraktion politisch wahrgemacht wird oder nicht, ob es sich Staaten gefallen lassen, in ihrer politischen Identität auf die Betroffenheit von der Flüchtlingskrise reduziert zu werden – darauf kommt es allerdings sehr an.

---

[13] Die Forderung des türkischen Staates nach Errichtung einer Pufferzone im Norden Syriens – türkischerseits begründet mit dem Vorschlag, dort syrische Flüchtlinge anzusiedeln – ist der kaum verhüllten Absicht geschuldet, die syrischen Kurden auf Abstand zu halten.

*

Es ist also auch hinsichtlich der deutschen Lagerpolitik festzuhalten, dass sie immer zugleich die Einmischung *in*, das Aufstellen *gegen* oder die Verhandlungen *mit* souveränen Staaten kleineren oder größeren Kalibers bedeutet. Es liegt in der Natur dieser Sache, dass eine Flüchtlingspolitik mit globalem Programm überall auf mehr oder weniger mächtige (Lager-)Staaten trifft, die als Verursacher und Betroffene mit Massenflucht konfrontiert sind. Die verfolgen dabei ihre ganz eigenen nationalen Anliegen, sehen sich aber mit einer EU-Macht konfrontiert, die sich von außen in das Lagerleben einmischt und dadurch Fragen der regionalen oder gar der überregionalen politischen Ordnung aufwirft, die gar nicht die ihren sind. Davon wird die Kanzlerin Merkel nicht überrascht sein: Hat sich Deutschland doch mit seiner Rolle als selbsternannte Weltflüchtlingsmacht von vornherein *sehr bewusst* in Weltordnungsprobleme der härtesten Kaliber eingebaut, die mit der Kontrolle der Flüchtlingsbewegungen gar nichts unmittelbar zu tun haben. Das heißt aber zugleich Folgendes: *Nur wenn Deutschland seinen neuen außenpolitischen Zweck als für die Bekämpfung von Fluchtursachen zuständige Macht und als Zuteiler von Optionen für den fliehenden Teil der Weltbevölkerung ernsthaft verfolgt, kann diese Politik zugleich als Türöffner für die Mitsprache bei weitergehenden Fragen von Weltfrieden oder Weltkrieg fungieren, für die Deutschland das politische Format, das es sich zurechnet, erringen will.*

## Am Schengengrenzstreit zerlegt sich die EU – weiter

Flüchtlinge, die auf der Flucht ihr Leben riskieren, um sich irgendwie nach Europa durchzukämpfen, werden in keinem noch so umfriedeten, von der Caritas beglückten und per deutscher Intervention gegen Europa abgeschotteten Lager »heimisch« – es sei denn, ihnen gehen Kraft, Wille und Geld aus oder sie werden an der Flucht aus dem Lager mit Gewalt und Stacheldraht gehindert. Viele von ihnen stauen sich früher oder später an den Außen- oder Binnengrenzen der EU und versuchen, in ihr Zentrum vorzudringen. Die globale Flüchtlingspolitik kommt also um eine *Neuregelung des Schengengrenzregimes* und um die Beantwortung der Frage, welche Bedeutung die einst einvernehmlich beschlossenen *Dublin-Re-*

*gelungen* noch haben (sollen), nicht herum.[14] Über all das wird in den Führungsetagen Europas *kontrovers* verhandelt. Dabei beziehen sich strittige Punkte nicht auf Durchführungsfragen bei unterschiedlicher nationaler Betroffenheit, sie betreffen vielmehr das »Eingemachte«. Der im Herbst 2015 vorgelegte Plan, mit seinem *Kernstück*, der Errichtung sogenannter Hotspots in den vom Zustrom besonders betroffenen Ländern Griechenland und Italien, in denen unter europäischer Kontrolle und von Brüssel finanziert Flüchtlinge zwischengelagert werden sollen, bis über ihre weitere Ein- oder Ausweisung beschlossen ist, kommt nicht nur deswegen nicht recht voran, weil die beiden vor allem betroffenen Länder an ihre Entlastung nicht glauben möchten.[15] Es fehlt vielmehr bisher eine Einigung über die entscheidende *Voraussetzung* der Errichtung dieser Außenlager: *Welche EU-Länder nehmen wie viele Flüchtlinge auf?* Die bereits beschlossene Quotenregelung und mit ihr die geplante, *geregelte Aufhebung* der Dublin-Verordnungen ist Makulatur, weil sich ihr immer mehr Länder verweigern.

Das Resultat hat es in sich: *Die europäische Gemeinschaft beginnt, sich an der Flüchtlingsfrage – weiter – zu zerlegen.*[16] Viele Staaten weigern sich, überhaupt zusätzliche Flüchtlinge aufzunehmen, schließen ihre innereuropäischen Grenzen und errichten Zäune, anderen sind die zugeteilten Quoten zu hoch, wieder andere machen die Aufnahme von Flüchtlingen von Finanzzusagen

---

[14] Auf die Idee, auch Lager nach dem Prinzip des Art. 16a GG in »sichere und unsichere Lager« zu unterscheiden, die Ankömmlinge aus den »sicheren Lagern« gleich wieder zurück in ihre neue Lagerheimat zu senden, sind deutsche Politiker noch nicht gekommen. Aber was nicht ist, kann ja noch werden. Vorbilder gibt es schon: So werden Palästinenser aus ihren Lagern im Nahen Osten weder als Flüchtlinge noch als Bürger eines Staates einsortiert, sondern wegen des ungeklärten Status – offiziell weder Lager noch Staat – als Staatenlose geführt, die nicht abgeschoben werden dürfen. Es sei denn, ihnen wird eine Hisbollah-Mitgliedschaft nachgewiesen.

[15] Griechenland merkt z.B. an, dass sich Flüchtlinge diesem Lagerregiment entziehen werden, weil sie selbst über das Zufluchtsland entscheiden wollen, in dem sie Asyl beantragen. Aus dem Lager Geflüchtete sind dann wieder ein »griechisches Problem«.

[16] »Die Erscheinung (?) Europas ist im Augenblick verbesserungsbedürftig«, sagt Merkel in der Regierungserklärung vom 15.11.2015 dazu.

aus Brüssel abhängig, Staaten, die – wie z.B. Schweden und Dänemark – bisher Flüchtlinge aufgenommen haben, sperren angesichts der desolaten Lage in der EU ebenfalls ihre Grenzen, und dann gibt es Staaten, die sich nur als Transitstaaten verstehen und diesen Status von der EU bestätigt und honoriert bekommen wollen. Merkel-Deutschland bleibt ziemlich isoliert als Land übrig, das mit dem Vorsatz »Wir schaffen das ...« in die Vorlage gegangen ist und mit dem Nachsatz: »... natürlich nur mit einem solidarischen Europa!« vorerst im Regen steht.

Dabei geht es in diesen Fällen nicht darum, dass Staaten bei der Unterbringung von Flüchtlingen irgendwelche objektiv messbaren Belastungsgrenzen in Sachen Verpflegung, Unterbringung oder Beschulung erreicht hätten. Sie sehen sich vielmehr in Gestalt des deutschen Vorstoßes mit einem völlig *neuen Bevölkerungskonzept* konfrontiert, und gegen dieses melden sie entweder selbst prinzipielle Einwände an oder werden von wenig ausländerfreundlichen, zum Teil bereits als Partei organisierten Teilen des Staatsvolks mit solchen Einwänden in einer Weise konfrontiert, dass sie sich ihnen weder entziehen können noch wollen. Es gibt inzwischen kaum ein Land in Europa, dessen Rechtskräfte in Wahlen nicht erhebliche Zuwächse zu verzeichnen oder nicht hier und da bereits die Regierungsmacht übernommen haben.

Den Springpunkt dieser Kontroverse hat Kanzlerin Merkel in ihrer Neujahrsansprache 2015/16 ausgesprochen, als sie ihrem Volk gegenüber den »Wunsch« äußerte, dass »es darauf ankommt, dass wir uns nicht spalten lassen (...) nicht sozial und nicht in *Alteingesessene* und *Neubürger*«. Bemerkenswert ist daran, dass sie weder von *Einheimischen* und *Flüchtlingen* noch von *Bundesbürgern* und *Migranten* redet. Bewusst gesellt sie die Neu- den Altbürgern als unterschiedene Teile *einer* Bürgerschaft zu. Und sie setzt moralisch noch eine Spitze darauf, wenn sie fordert, »denen nicht zu folgen, die mit Kälte oder gar Hass in ihren Herzen ein Deutschsein allein für sich reklamieren und andere ausgrenzen wollen«.[17] Die ungarische und die polnische Regierung gehören zu denen mit »Kälte

[17] www.n-tv.de/politik/Merkels-Ansprache-im-Wortlaut-article 16671721.html.

im Herzen«, dazu der Front National in Frankreich, die Ukip in Großbritannien, die Lega Nord in Italien, die AfD in Deutschland usw. Hierzulande ist der Rechtsruck in Wahlen noch kaum über 10% gekommen, was aber deutsche Politik nicht beruhigt. Denn zwar fallen bei deutschen »Alteingesessenen« die Stellung zur Flüchtlingsfrage und ihre Wahlentscheidung seit jeher auseinander,[18] doch gibt es gerade angesichts der neuen deutschen Politikpriorität und erst recht nach der Silvesternacht in Köln[19] keine Garantie dafür, dass das so bleibt.

Der damit von der Kanzlerin angesprochene bevölkerungspolitische Kern der innereuropäischen Zerlegung betrifft *die Grundlage jeder Staatsmacht in der Demokratie, nämlich das Staatsvolk und seine Stellung zur nationalen Herrschaft*. Völker, die ihren Patriotismus gelernt haben, sind es gewohnt, ihre *nationale Identität* über die Abgrenzung gegenüber und über die Ausgrenzung von »Fremden«, also rein negativ aufzuladen. Sie finden nichts dabei, dass es sie als das eine und privilegierte Staatsvolk *auszeichnen* soll, dass Menschen fremder Völker *nicht zu ihnen gehören*.[20] Bei allem, was die nationale Führung ihnen auch an Beschädigungen in ihrem kapitalistisch bestimmten Dasein zumutet, verzichten sie nicht darauf, von ihrer Staatsgewalt die Sicherung ihres *autochthonen nationalen Daseins*, für sie das höchste aller Güter, einzufordern. Dass sich diese klassisch *völkische*, exkludierende Denkungsart in einem Europa, das zahlreiche Abteilungen von Politik und Wirtschaft, von Recht und Sicherheit bereits *vergemeinschaftet* hat, das auf Grenzkontrollen im innereuropäischen Waren-, Kapital und Personenverkehr verzichtet und aufs »freie Spiel der Kräfte«, d.h. auf die freie Konkurrenz untereinander setzt, immer noch so verbreitet ist, darf nicht verwundern. Denn gerade diese Denkungsart bildet in der EU das *letzte* und so gesehen für viele Staaten und Völker

---

[18] Immer noch bedenken Wähler beim Ausfüllen ihrer Stimmzettel, dass es sich für Deutsche wegen ihrer Vergangenheit *nicht gehört*, jene Neofaschisten zu wählen, für die eigentlich ihr politisches Herz schlägt.

[19] Siehe dazu Kapitel 9.

[20] Näheres zum Thema »Nationalismus« in: F. Huisken, Der demokratische Schoß ist fruchtbar... Das Elend der Kritik am (Neo-)Faschismus, Hamburg 2012, S. 144ff.

*verbleibende wichtigste Fundament ihrer Nationalität.* Das muss in dem Staatenverbund, der aus seiner Vergemeinschaftung Größe ziehen und auf alle Nationalstaaten verteilen will, auf jeden Fall unbeschädigt bleiben. Ausländer, Flüchtlinge gar, als »Neubürger« nach einem Konzept aufzunehmen, das Orbán »moralischen Imperialismus« getauft hat und das von Brüssel, sprich: von der europäischen Führungsmacht Deutschland vorgegeben wird, geht den protestierenden EU-Staaten ganz *prinzipiell* zu weit: *Da hat Merkel für viele Mitgliedsländer die rote Linie innereuropäischer »Solidarität« überschritten.*

Wie eine erste Relativierung ihres neuen politischen Anliegens klingt es, wenn Merkel in derselben Neujahrsansprache allen Kritikern ihrer Politik versichert: »National, in Europa und international arbeiten wir daran, den Schutz der europäischen Außengrenzen zu verbessern, aus illegaler Migration legale zu machen, Fluchtursachen zu bekämpfen und so die Zahl der Flüchtlinge nachhaltig und dauerhaft zu verringern.« Nicht dass sie je daran gedacht hat, Einladungen an alle Flüchtlinge auszusprechen. Immer war es Teil ihres Vorpreschens in der Flüchtlingsfrage, zwischen Asylberechtigten und -unberechtigten zu sortieren und Migranten aus neu in die Liste der »sicheren Herkunftsländer« aufgenommenen Staaten das Rückreisebillett auszuhändigen. Auch hat sie alle Novellierungen und Ergänzungen der deutschen Asylgesetzgebung mitgetragen, in denen »verschärfte Hürden für Asylbewerber« beschlossen worden sind.[21] Doch wenn sie die Betonung auf die »nachhaltige und dauerhafte Verringerung der Zahl der Flüchtlinge« legt und dies regelmäßig und nicht nur auf CSU-Parteitagen wiederholt, statt wieder einmal zur Solidarität bei der Bewältigung des Flüchtlingselends aufzurufen, dann hält sie offenbar den Zeitpunkt für gekommen, etwas zurückzurudern. Sie erkennt, dass in der Flüchtlingsfrage nicht die sonst jede Einigung in Europa befördernde »Erpressung« mit Geldzu- oder -absagen ihre Überzeu-

[21] Siehe faz.net, 15.10.2015. So die Verlängerung des Verbleibs in Erstaufnahmeeinrichtungen, um Abgelehnte von dort zurückzuschicken, bevor die untertauchen; Verzicht auf vorherige Ankündigung der Abschiebungen; Sachleistungen anstelle von Geldleistungen; Reduzierung der Sozialleistungen für ausreisepflichtige Flüchtlinge ohne Duldung usw.

gungsdienste leistet. Was sie nicht erkennt ist, dass es den Nationen und inländischen Vertretern der Ablehnungsfront nicht um Geld, sondern um die völkische Substanz geht. Denn die definiert sie für Deutschland gerade neu.[22]

Auf ihre Weise entdeckt die deutsche Regierung einen harten *Widerspruch*, an dem ihr Projekt aktuell leidet: *Es soll mit der Inangriffnahme der globalen Flüchtlingsproblematik Europa als Weltmacht in der Konkurrenz zu den Führungsmächten besser in Stellung bringen und führt doch über die zunehmende Zerlegung Europas umgekehrt zum Verlust von Macht und Größe dieses Staatenbündnisses.* In der schon genannten Regierungserklärung deutet Merkel an, dass ihr die Wirkungen dieses Widerspruchs nicht unbekannt sind:

> »Genauso wie wir für die nachhaltige Erhaltung des Euros (!) die letzten Schritte gehen müssen, müssen wir auch hier die nächsten Schritte gehen, weil sich erwiesen hat, dass das derzeitige System allein nicht ausreicht. Deshalb ist eine solidarische Verteilung von Flüchtlingen je nach Wirtschaftskraft und Gegebenheiten (?), wobei die Bereitschaft zu einem permanenten (!) Verteilungsmechanismus gegeben sein muss, nicht irgendeine Petitesse (!), sondern berührt die Frage, ob der Schengenraum auf Dauer aufrechterhalten werden kann.«[23]

Dass die Kanzlerin die Erhaltung des Euro mit der europäischen Bewältigung des Flüchtlingsansturms in Verbindung bringt, ist kein rhetorischer Fehlgriff.

*Die Wirtschaftskraft der EU, ausgedrückt in einer gewachsenen Geltung des Euro als Weltgeld Nr. 2, verlangt nicht nur dieselbe Solidarität wie jetzt die Sicherung des Schengenraums, sondern hat diese zu ihrer Voraussetzung. Einerseits gilt: Nur wenn die EU als die Gemeinschaft der 28 Staaten in ihrem jetzigen territorialen Umfang und mit der Wucht dieses nach innen grenzenlosen Staatenverbundes erhalten bleibt und sich zugleich wirtschaftspolitisch der Stärke des Euros verpflichtet, kann Deutschland darauf setzen, dieses Europa zusätzlich auch als Flüchtlingsweltmacht in die Kon-*

---

[22] Wie dem nachsten Kapitel zu entnehmen ist.

[23] Siehe Regierungserklärung vom 15.11.2015.

*kurrenz um mehr Weltordnungseinfluss zu führen. Andererseits gilt aber auch: Es ist gerade die neue, der EU von Deutschland angetragene Flüchtlingspolitik, die dieses Machtgebilde EU verstärkt zerlegt – mit unabsehbaren Folgen für den Euro und die Wirtschaftskraft aller europäischen Nationalstaaten.*[24]

Dabei kann die Unvereinbarkeit von Interessen europäischer Staaten in dieser Frage überhaupt nur in dieser Weise eskalieren, weil ihr Keim bereits im *Konstruktionsprinzip* der EU verankert ist: Wenn sich konkurrierende Nationalstaaten zu einer polit-ökonomischen Gemeinschaft zusammentun, um auf der Welt gegen überlegene Mächte Erfolge in Sachen Macht und Reichtum zu erringen, die sie je für sich nie erreicht hätten, dabei aber auf ihren konkurrierenden nationalstaatlichen Interessen beharren, dann wird sich das Prinzip der Konkurrenz, dass nämlich nicht alle diese Staaten gleichermaßen Sieger sein können, zwangsläufig geltend machen. Und wenn dies der Fall ist, wie z.B. in der Euro-Krise,[25] in der Staaten – und das betrifft nicht nur Griechenland – sich Rechenschaft darüber ablegen, was ihnen diese Gemeinschaft außer der Abhängigkeit von Brüssel und der EZB an nationalem Erfolg gebracht hat, dann ist ein von Deutschland ausgehender Angriff auf die völkische Identität, die sie für das unabdingbare Fundament ihrer nationalen Herrschaft halten, ein hinreichender Grund, die Frage zu stellen, welchen *Nutzen* die EU *ihrer Nation* noch bringt. Für viele, die selbst nicht auf die Erfolge Deutschlands und auf seine Statur verweisen können, für die als Nation auch das neue euro-imperialistische Vorhaben Merkels eine Nummer zu groß ist, könnte sich die Frage gleich negativ stellen, nämlich danach, was für sie der größere *Schaden* ist: die Fortsetzung der Mitgliedschaft in der EU oder der Austritt aus diesem Verein. Es hat den Anschein, dass

---

[24] Das ist keine Prognose. Man wird sehen, wie sich der Widerspruch entwickelt, ob Merkel ihre Flüchtlingspolitik zugunsten der Einheit Europas aufgeben wird oder ob es eine aus der Mischung aus angewandten Zwangsmitteln und freier Einsicht bestehende Zustimmung zur deutschen Flüchtlingspolitik und der daran hängenden europäischen Solidarität geben wird.

[25] Vgl. dazu: Die Krisenkonkurrenz der EU-Partner tritt in ihr finales Stadium ein, in: GegenStandpunkt, Heft 3/12, www.gegenstandpunkt.com/gs/12/3/gs20123073.html.

einige Staaten aus dem Osten Europas meinen, diesen Punkt erreicht zu haben.

In der Flüchtlingspolitik gibt es an der EU-Außengrenze bisher keine Fortschritte, die die Kanzlerin zufriedenstellen würden. Unkontrolliert und ohne Ersatz der Dublin-Regelungen durch andere, europäisch vereinbarte Kontroll- und Verteilmechanismen sickern weiterhin Flüchtlinge übers Mittelmeer, Italien und Griechenland sowie über die Balkanroute vor allem in Deutschland ein, wo sie ein Erstaufnahmelager *aufnimmt* und wo sie – trotz deutscher Willkommenskultur – mit *einer in der Flüchtlingsfrage überhaupt nicht einigen Gesellschaft* konfrontiert sind.

## 8. Integration der »Neubürger« und neue Nationalerziehung für »Altbürger«

### »Was wir schaffen«

Die bislang ausbleibende europäische Solidarität in der Flüchtlingspolitik hat nicht dazu geführt, dass Merkel die innenpolitischen Bemühungen Deutschlands um die Bewältigung der »Flüchtlingsflut« einfach absagt. Es gilt das »Wir schaffen das!« für den deutschen Initiator des ganzen Projekts, der dabei seine Führungsrolle auch in der nationalen Bewältigung des Flüchtlingsandrangs unter Beweis zu stellen hat. *Was* »wir schaffen«, *wie* das »wir« definiert ist und ob das »schaffen« eher eine Drohung darstellt oder die Berufung auf abrufbare Volksleistungen oder beides ist, das wird zu zeigen sein.

Worin das innenpolitische Flüchtlingsbewältigungsprogramm besteht, ist nicht schwer zu ermitteln. Es geht der Politik erstens um die Kontrolle deutscher Grenzen, da weiterhin Flüchtlinge zuströmen, die vom Schengengrenzregime nicht aufgehalten werden. Denn es ist ihr – egal ob von Merkel oder Seehofer vertreten – schon wichtig zu erfahren, wer sich da auf deutsches Territorium und damit unter deutsche Hoheit begibt. Zweitens geht es um die schnellere Abwicklung der Anträge auf Asyl oder Flüchtlingsstatus, drittens um zügige »humane Rücküberführung« der Abgelehnten, wobei ihr Abtauchen in Deutschland durch neue Maßnahmen verhindert werden muss, viertens um die erfolgreiche Integration der zu längerem Aufenthalt berechtigten Asylanten, die fünftens mit politischer Unterstützung den Beweis zu erbringen haben, dass sie nicht nur Last und Kosten darstellen, sondern sich »langfristig als Gewinn für Deutschland« erweisen, und sechstens schließlich ist dafür zu sorgen, dass das deutsche Volk die Flüchtlinge nicht als Störung der deutschen Volksgemeinschaft beurteilt, sondern möglichst geschlossen hinter der neuen Aufgabe steht, von der die Kanzlerin sagt, dass sie »uns« auch die nächsten Jahre beschäftigen und einige Opfer abverlangen wird.

### Integration der Flüchtlinge neu beschlossen

Die Flüchtlinge, die es bis zu den deutschen Grenzkontrollen schaffen, bleiben für Deutschland zum einen das, was sie sind: nicht eingeladen, nicht bestellt, eigentlich unerwünscht und zunächst nur als Last behandelt. Zugleich stehen die Ankömmlinge aber noch für etwas anderes: Das Programm zur Bewältigung des globalen Flüchtlingsproblems sieht vor, den Migranten, die auf absehbare Zeit nicht in ihre Herkunftsstaaten zurückkehren können, einen anderen *Lebensort* zu verschaffen. Der soll für einen Teil von ihnen auf Dauer, für andere nur vorübergehend in Deutschland liegen. Deswegen werden die Asylanten von Merkel auch »Neubürger« genannt. Das *verpflichtet diese* und das schließt *ihnen gegenüber eine Verpflichtung des Staates* ein. Wenn sie die mit erheblichen Zumutungen gespickte Phase der Antragsbearbeitung – sie haben keine Arbeitserlaubnis, sitzen in Aufnahmelagern fest, müssen z.T. von Sachleistungen leben und einfach nur warten – erfolgreich absolviert haben, dann werden sie mit *Integrationsverbindlichkeiten* konfrontiert, die sie nicht zurückweisen können. Der *Wille*, sich an die Lebensverhältnisse, Gesetze, Sitten und Gebräuche anzupassen, die in Deutschland herrschen, wird von ihnen *von vornherein* wie eine zusätzliche Eintrittskarte *verlangt* – ob ihnen diese Verhältnisse nun passen oder nicht, ob sie mit jenen Lebensumständen, die ihnen in Fleisch und Blut übergegangen sind, verträglich oder unverträglich sind, ob sie begründete Einwände – so etwas soll es ja auch geben – gegen die demokratisch regierte kapitalistische Wirtschaftsweise haben oder nicht.

Mit dieser Integrationsagenda bricht die Regierung selbstkritisch mit ihrer vorherigen Praxis. Es ist noch gar nicht lange her, dass in Deutschland eine Debatte über Integration, ihre Notwendigkeit, ihre Verfahren und deren Erfolgsaussichten stattfand, nachdem die Politik an eingewanderten Migranten einen nur begrenzten Integrationswillen festgestellt hatte. Kritisch wurde festgehalten, dass die Politik nicht frühzeitig die Bildung von Parallelgesellschaften verhindert hat, zu denen sich diese Migranten zusammengeschlossen hatten. Diesmal gilt es, so der Beschluss, *frühzeitig* nicht nur durch dezentrale Unterbringung, sondern durch sofort abverlangte Integrationskurse solche Defizite bei der Einordnung von Migranten zu unterbinden. An den »Ghettos«, wie die Parallelgesellschaften jetzt genannt werden dürfen, stört die Politik, dass in ihnen »undeutsche Sitten« konserviert werden. So wird häufig eher auf den Imam oder das Familienoberhaupt gehört als auf Repräsentanten deutscher Staatsgewalt; werden Anordnungen weiblicher Vorgesetzter ignoriert, gehören Zwangsverheiratungen ebenso zum Familiengesetz wie sogenannte Ehrenmorde; wird die Arbeit zum Beten schon mal unterbrochen; bleiben Kinder mit Verweis auf religiöse und andere Gepflogenheiten der Schule bzw. bestimmten Schulveranstaltungen fern und mischen Schüler mit Migrationshintergrund die Schule auf. Dass die Politik in der Vergangenheit keine Verpflichtung zum Erlernen der deutschen Sprache erlassen hatte, gilt heute als besonderer Skandal; und nicht nur deswegen, weil bei jedem Behördengang der Familie der hier geborene Nachwuchs als Dolmetscher fungieren muss, eher schon, weil zuhause nur fremdsprachige Sender laufen. Politiker, die ihre Hände selbst nicht zufällig auf den Öffentlich-Rechtlichen halten, wissen, dass und wie die Heimat da agitiert. Dass diese Ausländer *lieber* unter Ihresgleichen leben, ist allerdings nicht die ganze Wahrheit. Nicht allein wegen Herkunft und Sprache, sondern vor allem auch wegen ihrer kollektiven Einordnung in die *untersten Abteilungen des Arbeitsmarktes* durch den hiesigen Kapitalismus finden sie und leben sie zusammen in Gegenden, in denen es für sie noch bezahlbaren Wohnraum gibt.

Ausländer, denen im Allgemeinen dort, wo es ums Geldverdienen und Geldausgeben, ums Zahlen von Mieten und Steuern, um den Führerschein, Autozulassung und die damit verbundenen behördlichen Pflichten geht, nichts vorzuwerfen ist, die Recht und Ordnung wie die »Alteingesessenen« befolgen, sind bei der Politik in den Verdacht geraten, sie würden im *Privatleben,* im Denken und Fühlen, mit ihrer Stellung zur Familie – die doch die Keimzelle der Nation sein soll – und im Urteil über Staat und Religion erhebliche Integrationsdefizite aufweisen. Der Maßstab, der in dieser selbstkritischen Beurteilung der Integrationserfolge zur Anwendung kommt, hat es in sich. Man muss ihn nur einmal umgekehrt lesen, um zu ermitteln, womit die Politik durchaus *zufrieden* war. Alles, was den Berufsalltag dieser Menschen mit seinen gelegentlich kaum zumutbaren Anforderungen ausmacht, was Rechtsverordnungen im öffentlichen Leben und den Pflichtenkanon ihres Staatsbürgerdaseins betrifft, war *nicht* Gegenstand von Sorge, Beschwerde oder Verdacht. Es war bekannt, dass selbst in ihren »Parallelgesellschaften« Ware-Geld-Beziehungen herrschten, untereinander Arbeitsverhältnisse vermittelt wurden, in denen der Gegensatz zwischen Arbeitskraft und (Klein-)Unternehmer nicht aufgehoben war, auch wenn der Chef seine Befehle in fremder Zunge gab. All das reichte nicht, um eine Politik zufriedenzustellen, die ihre klare Vorstellung von »nationaler Identität« hatte und sie allen »Neubürgern« zu verpassen gedachte.

Es geschah im Juli 2006, dass sich die schon damals amtierende Kanzlerin der Sache annahm. Auf dem ersten Integrationsgipfel unter dem schönen Motto »Fordern und Fördern« gedachte sie gegenzusteuern. Dass sie damit zugleich ein Lehrstück für alle Einheimischen veranstaltete, wird nicht ihre Absicht gewesen sein.[1] Um den Beweis zu liefern, dass Geflüchtete in Deutschland ihre Heimat sehen, sich diesem Land auch zugehörig fühlen, da reicht es für diese eben nicht, jeden Gesetzesverstoß zu vermeiden, eingerichtete Befehlshierarchien praktisch anzuerkennen, den Vorladungen der Behörden zu folgen, aber ansonsten »ihr eigenes Ding« zu betreiben. Das Privat*leben* – und das sollen sich die Eingeborenen ebenfalls merken – ist eben nur solange und in dem Umfang Privat*sache*, als die neuen und alten Bürger auch in ihren »eigenen vier Wänden« im Umgang miteinander keinen Zweifel an einer Gesinnung aufkommen lassen, die zur »deutschen Leitkultur« passt.[2] Die politische Führung verband deswegen damals die Aufforderung an alle Migranten, sich in Integrationskurse zu begeben, mit dem großherzigen Angebot, bei erfolgreichem Bestehen über jeden vorliegenden Antrag auf Zuteilung der *deutschen Staatsbürgerschaft* positiv nachzudenken. Ein Einbürgerungsantrag galt deswegen als ein ernstzunehmender Test auf den Willen zu wirklicher

---

[1] Vgl. dazu: Stichwort: Integration, in: GegenStandpunkt, Heft 4/2006.

[2] Unter der soll man sich keinen bestimmten Katalog deutscher Eigenschaften oder so etwas vorstellen. Mit der Abstraktion ist jeweils das gemeint, was Deutschen oder angehenden Deutschen von oben abverlangt wird.

Integration, weil bei Migranten jene nationalistische Stellung angenommen wurde, auf die sich deutsche Politik bei ihren Bürgern verlässt, dass ihnen nämlich nichts über die Heimat geht – selbst wenn man sie verlassen muss –, folglich die Verabschiedung von fremder Staatsbürgerschaft kein formaler Akt, sondern für Patrioten allemal eine Herzenssache ist.

*Zum einen* will die Politik heute aus den »Fehlern der Vergangenheit« gelernt haben. Mit der Integration soll *von Anfang an ernst* gemacht werden. Abzuwarten, wie und ob sich Flüchtlinge mit irgendeinem Aufenthaltsstatus hier zurechtfinden, ob sie sich nach eigenen Maßstäben einrichten können, ob nicht auch »Parallelgesellschaften« verträglich sein können mit einer Gesellschaft, die längst Indizien eines Einwanderungslandes aufweist – wofür es illustre Parallelen gibt[3] –, das kommt gar nicht erst in Frage. Der Verdacht wird laut, es könnten sich die Mängel aus der Vergangenheit wiederholen, wenn man sich auf den Integrations*willen* verlässt, also neben dem »Fordern« zu sehr auf das »Fördern« setzt. Heute will die CDU/CSU die Beteiligung an Integrationsveranstaltungen zur *Pflicht* machen und mit Sanktionsmechanismen ausstatten.[4] Ob sich allerdings mit einer *Verpflichtung* auf Integrations*kurse* der *Wille* zur *Integration* befördern lässt, das bleibt die alte, schon in der Integrationsdebatte von 2006 verhandelte, offene Frage. Sie wird zur Zeit damit beantwortet, dass das neue Programm mehr Wert aufs »Fordern« legt, also aus dem Generalverdacht eine politische »Herausforderung« ableitet, die an den Flüchtlingen sofort und strikt durchgesetzt werden soll. Allerdings will die Regierung nicht in jeder Hinsicht Maß nehmen an alten »Fehlern«: Die *Staatsbürgerfrage soll nicht* mehr mit dem Integrationsprogramm verbunden werden; weniger weil es dazu einer

[3] Siehe die USA, die auf ihren »melting pot« und ihre Parallelgesellschaften wie »China towns«, italienische oder mexikanische Viertel durchaus stolz sind, die es zu Touristenattraktionen (herunter-)gebracht haben.

[4] In der CDU/CSU gibt es Bestrebungen, alle mit Abzug von Sozialleistungen zu bestrafen, die einer Pflicht zum Besuch von Integrationskursen nicht nachkommen, vgl. www.focus.de/politik/deutschland/integrationspflicht-fuer-migranten-kloeckner-legt-plan-fuer-deutsche-hausordnung-vor_id_4984848.html.

längeren, rechtstreuen und sozialkostenneutralen Anpassungszeit bedarf, sondern vielmehr, weil große Teile der syrischen Flüchtlinge – angeblich bis zu 80% – nach Kriegsende in ihrer Heimat wieder Fuß fassen und das Land, unter welcher Führung auch immer, neu mit aufbauen wollen – *und das auch sollen*. Deswegen wird diesen Flüchtlingen zunächst nur eine Aufenthaltsberechtigung für drei Jahre erteilt.

### Integration als staatliche Verpflichtung

Eine Verpflichtung von Flüchtlingen zur Integration schließt – wie gesagt – auch *staatliche Verpflichtungen* gegenüber diesen ein. Wer das sofortige Erlernen der deutschen Sprache einfordert, muss Sprachkurse bereitstellen. Wer den »Neubürgern« die praktische Anpassung an die hiesigen Formen, den Lebensunterhalt selbst zu verdienen, abverlangt, muss sicherstellen, dass es Schulklassen für den Nachwuchs und Ausbildungsplätze für Ungelernte gibt; der muss Qualifikationen anerkennen, dafür sorgen, dass die Flüchtlinge in der Konkurrenz um Wohnraum nicht kollektiv die Verlierer sind und dass sie auf dem Arbeitsmarkt überhaupt eine Chance haben. Kurz, der muss elementare Voraussetzungen dafür schaffen, dass die zu »Neubürgern« erklärten Flüchtlinge sich nach Sittlichkeit und Pflichtbewusstsein der alle Lebensbereiche erfassenden Konkurrenzgesellschaft unterordnen können.

#### ■ *Deutsche Leitkultur*

Zu den staatlichen Obliegenheiten gehört auch, dass die »Altbürger« sich bei der Integration der »Fremden«, die ihnen Rücksichten abverlangen und neue Konkurrenz bescheren, nicht querstellen. Deshalb, aber nicht nur deshalb, stehen bei den Integrationsverpflichtungen Anforderungen im Vordergrund, mit deren Erfüllung die »Fremden« den Beweis antreten sollen, dass es sie nicht nur zu uns zieht, weil sie Geld verdienen, sondern auch, weil sie hinsichtlich der deutschen Lebenssitten »zu uns gehören« wollen. Regierenden Integrationspolitikern gilt Letzteres sogar als Voraussetzung für Ersteres. Deshalb haben das Erlernen der deutschen *Sprache* und die Aneignung von Kenntnissen über das *Rechtssystem*, aber eben auch solche über die »*grundlegenden Normen und Regeln*, deren

Befolgung eine unerlässliche Voraussetzung für ein geordnetes Zusammenleben in Deutschland ist«, wie es in einem CDU-Papier über die »Integrationspflicht für Migranten« heißt,[5] in den Integrationskursen Vorrang. Die Aneignung der verlangten Sprachkenntnisse soll immer zugleich mehr sein: Nämlich zum einen der Beweis dafür, dass man den *Willen* aufbringt, in kurzer Zeit über die *Voraussetzung* zur praktischen Integration in alle hiesigen Lebenszusammenhänge zu verfügen, sich aber darüber zum anderen auch ein Stück *deutscher Geisteshaltung* anzueignen. Wo jeder Schulunterricht in Englisch oder Französisch belegt, dass das Erlernen der Fremdsprache erst einmal nur Pauken ist, um sich in der Fremde mit *seinen Anliegen* verständlich zu machen, soll es beim Deutschlernen geradezu umgekehrt sein: Mit der Sprache werden, so der Standpunkt der Integrationspolitik, *deutsche Anliegen*, die an jedermann gestellt werden, quasi automatisch angeeignet. Das ist natürlich schlichter Unfug, sagt aber alles über den Zweck aus, der hier regiert und dem der Zugewanderte nicht auskommen darf.

Von der Regierungspartei ist eine Liste mit zehn Punkten vorgelegt worden, in der zusammengetragen ist, was zu den Grundrechten, zu Regeln, Normen und Werten so alles dazu gehört (siehe Kasten, S. 108). An dieser Liste der »grundlegenden Prinzipien« deutscher Leitkultur ist so Einiges bemerkenswert. So werden bevorzugt solche »Regeln und Normen« aufgelistet, die z.T. erst vor kurzem Einlass in die »nationale Leitkultur« gefunden haben: Dazu gehören die »Gleichberechtigung der Frau«, die »Anerkennung des Verbots der Zwangsheirat«, der »Respekt vor Frauen als Vorgesetzten« und »Toleranz gegenüber (...) sexueller Orientierung«, gemeint ist natürlich die *homo*-sexuelle Orientierung. All diese Punkte, die um die Toleranz gegenüber Frauen und Sexualität kreisen, sind noch so »frisch«, dass sich so manch brave(r) Deutsch(e), einschließlich der braven Parlamentarier von CDU/CSU, bis heute schwer damit tut, sie überhaupt der deutschen Leitkultur zuzurechnen. Das ist kein Wunder, wo viele Frauen immer noch auf Dienste an Mann und Kind festgelegt sind, als bloße Zuverdienerinnen das

[5] Nach: www.focus.de/politik/deutschland/integrationspflicht-fuer-migranten.

**»Grundlegende Prinzipien« deutscher Leitkultur**

»Jeder, der nach Deutschland komme, müsse ›ab dem ersten Tag eine Rechtsstaats-Hausordnung in seiner Sprache vorliegen haben und akzeptieren‹. Darin müssten grundlegende Prinzipien festgehalten sein:

- Demokratie in Verbindung mit Gewaltenteilung als einzige legitime Staatsform
- Das Gewaltmonopol liegt allein beim Staat
- Trennung von Religion und Staat und Vorrang staatlicher Gesetze vor religiösen Regeln
- Gleichberechtigung der Frau
- Anerkennung des Verbots der Zwangsheirat
- Respekt vor Frauen als Vorgesetzte, Arbeitskolleginnen und Lehrerinnen
- Anerkennung von Meinungs-, Religions- und Pressefreiheit
- Toleranz gegenüber Menschen anderer Abstammung, anderer Religionen, sexueller Orientierung und weltanschaulicher Überzeugungen
- Schulpflicht auch für Mädchen einschließlich ihrer Teilnahme an Sportunterricht und Klassenfahrten
- Existenzrecht Israels als Teil der deutschen Staatsräson und Strafbarkeit der Leugnung des Holocausts.«

Quelle: www.focus.de/politik/deutschland/integrationspflicht-fuer-migranten-kloeckner-legt-plan-fuer-deutsche-hausordnung-vor_id_4984848.html.

Haushaltsgeld aufbessern oder sich – nicht selten per Doppelarbeit zur selbständigen Arbeitskraft emanzipiert – einer »entehrenden« Entlohnung im kapitalistischen Ausbeutungsprozess ausgesetzt sehen. In der Leitkultur-Liste nimmt die Toleranz- und Egalitätsmoral deswegen einen so großen Raum ein, weil ihre Verfasser wissen, dass sich syrische, afghanische oder irakische Muslime gerade mit ihnen schwertun. (Siehe dazu den Exkurs: Werteerziehung, das A & O der Integration, S. 124ff.) Wenn sie in Deutschland nicht als Fremde auffallen wollen, müssen sie sich eben in diesen Hinsichten umstellen, lautet der Imperativ dieser Liste. *Deutscher als jeder gut integrierte Durchschnittsdeutsche sollen sie sich aufführen, und doch bleiben sie immer die Ausländer, als die sie sich hierher geflüchtet haben;* zum einen für die Politik, die zunächst kein Interesse an offizieller Eindeutschung von Flüchtlingen hat, und für viele Bürger zum anderen sowieso, die keine Mühe haben, sich den polit-rechtlichen Status von Flüchtlingen in ein Privatverhältnis zu ihnen zu übersetzen und die deshalb an denen – trotz oder wegen aller politischen Integrationsbemühungen – immer genug »Fremdes« finden, was ihren feststehenden Verdacht, dass die hier »bei uns« eigentlich nichts verloren haben, nicht begründet, sondern: *bebildert.*

An der Liste ist noch etwas bemerkenswert: Es wird dem Neubürger abverlangt, die außenpolitischen *Freundschaftserklärungen* seiner neuen Heimat – in diesem Fall zum Staat Israel – zu teilen, auch bzw. gerade wenn ihm dies – wie richtig oder falsch begründet auch immer – ganz gegen den Strich geht. Für die neu Integrierten kann doch keine offene Frage sein, was für seine Altbürger evident ist, befinden die Integrationspolitiker. Dabei verlangt diese Umstellung besonders den Neubürgern aus Syrien das *Gegenteil* dessen ab, was den eingeborenen Deutschen an der »Freundschaft zum Staat Israel, die einem Wunder gleicht«, wie Gauck im Dezember 2015 auf seiner Reise nach Israel betont hat,[6] so selbstverständlich erscheinen soll. Dass »wir es uns wegen unserer Vergangenheit« schuldig sind, unverbrüchlich an der Seite dieses Staates zu stehen, lernt jeder deutsche Bürger, der dann nicht weiter nachfragen muss, ob diese »Freundschaft« nicht vielleicht auch etwas mit den aktuellen Interessen Deutschlands im Nahen Osten zu tun haben könnte. Derselbe Standpunkt auf syrisch würde sich jedoch genau *umgekehrt* buchstabieren. Er hätte sogar neben der Berufung auf die Vergangenheit die Gegenwart mit israelischen Übergriffen auf Syrien, also keine Geschichtsbeschwörung, sondern höchst aktuelle Erfahrungen auf seiner Seite. Der syrische Bürger weiß, dass der Staat Israel – wegen der Vertreibung der Palästinenser, von denen viele immer noch in Lagern in Syrien leben, wegen der vier Kriege, die Israel seit 1948 gegen Syrien geführt hat, we-

[6] www.tagesschau.de/ausland/gauck-319.html

gen der Annektierung der Golanhöhen und des regelmäßigen Beschusses der angrenzenden Gebiete – »sein« Feind ist und sich Syrien bis heute im Kriegszustand mit diesem Nachbarstaat befindet. Hierzulande soll der Syrer aber *vergessen*, was ihm sein Staat über Feinde und Freunde des syrischen Volkes eingetrichtert hat: Allein das – wie auch immer ideologisch verkleisterte – Interesse der deutschen Führung an den Staaten im Nahen Osten hat jetzt für ihn zu gelten – und zwar nicht als politisches Interesse, sondern als nicht zu hinterfragende Leitkultur. Integration schließt ein, sich als Standpunkt zu *eigen* zu machen, wie die neue Heimat die Welt nach Freund und Freund durchsortiert.

Und noch etwas ist auffällig. Es ist nicht zu übersehen, was in der Liste deutscher Leitkultur *nicht* enthalten ist: Weder der Schutz des *Eigentums*, noch der Respekt vor der *Person* und ihrer *Unverletzlichkeit* sind aufgeführt. Von der hoch im Kurs stehenden *Würde* ist nicht die Rede und dass die *Freiheit hoch zu schätzen ist*, mit eigener Leistung hierzulande »der Schmied seines Glückes« zu sein, fehlt ebenfalls. Nicht dass all das nicht zur »deutschen Leitkultur« gehören würde, nur scheint es den Integrationsfachleuten selbstverständlich zu sein, dass man den Flüchtlingen die elementaren Regeln, Gesetze und Sitten der kapitalistischen Produktionsweise mit all ihren Gemeinheiten nicht erst als Pflichten gesondert abverlangen muss. Da ist was dran, denn es hat sich inzwischen bis nach Syrien, Afghanistan, Mali, Somalia und erst recht bis zum Balkan herumgesprochen, dass sich am Eigentum die Klassen scheiden, dass Eigentümer nicht nur in materieller Hinsicht allemal höher im Kurs stehen als die Masse der Nichteigentümer, dass jedes Leben nur geht mit Zugriff auf fremdes (Waren-)Eigentum, was aber nur mit Geld zu bewerkstelligen ist, das bekanntlich nicht vom Himmel, sondern unter die Freiheit fällt, es mit eigener Arbeitsleistung zu etwas zu bringen. Und dass dies nur geht, wo (Lohn-)Arbeit gefragt ist, das wissen Flüchtlinge auch. Von nichts anderem zeugt ja ihre Massenflucht. All das verweist darauf, dass dieser ökonomisch erforderliche Anstand längst nicht mehr ausschließlich als Teil der Kulturgüter des freien, gleichen und gemeinen Westens fungiert, sondern längst seinen Siegeszug über den Globus angetreten hat. Auf ihn muss man Flüchtlinge nicht gesondert verpflichten.

■ *Integration in die nationale Konkurrenzgesellschaft*

Bleibt die Aufgabe der Integrationspolitiker, sich um zusätzlichen *Sprachunterricht*, um *Wohnraum* und um ein *Arbeitsplatzangebot* für Flüchtlinge zu kümmern. Der Sprachunterricht ist Sache der *Gemeinden*, die ihren guten Willen beteuern, auf leere Kassen verweisen und zwischenzeitlich Flüchtlingen Tipps geben, mit welchen Apps sie autodidaktisch tätig werden können. Der Rest fällt unter die Zuständigkeiten von *Privaten*, von Haus- und Grundeigentümern sowie von kapitalistischen Unternehmern.

Dennoch sieht sich der Staat auch hier in der Verantwortung. Die nimmt er in einer Weise wahr, die seine Klage über die »Grenzen der Belastbarkeit« ziemlich blamiert. Auf der einen Seite erweckt er den Eindruck, es sei mit einer Million »Neubürger« fast der *Notstandsfall* erreicht. Auf der anderen Seite fällt es ihm überhaupt nicht ein, mit Notstandsmaßnahmen die privaten Geschäftsleute zu zwingen, ihm vom vorhandenen Wohnraumleerstand zu übereignen, was es zur Unterbringung der Flüchtlinge braucht, und die anfallende Arbeit lohnkostenneutral auf mehr Köpfe zu verteilen. Vielmehr setzt er darauf, beides in den Formen abzuwickeln, die zum normalen *Alltag* der staatlichen Betreuung des Wohnungs- und Arbeitsmarktes im Kapitalismus gehören. Er setzt darauf, dass die Geschäftswelt das Ihre tut, wenn er ihr nur derartig attraktive *Bedingungen* schafft, dass sich Wohnungsneubau und Einstellung zusätzlicher Arbeitskräfte lohnen. So erlässt er zum einen ein neues Baurecht, das die »bauplanungsrechtlichen Bestimmungen« so lockert, dass Grundeigentümer und Bauunternehmern kostengünstiger, sprich: gewinnträchtiger bauen können.[7] Und zum anderen beginnt er damit, sich mit den Kapitalverbänden darüber zu verständigen, welche gesetzlichen Regelungen außer Kraft gesetzt bzw. modifiziert und welche neu erfunden werden müssen, damit sich das Einstellen von »Neubürgern« lohnt. Über partielles Außerkraftsetzen des erst Anfang 2015 in Kraft getretenen Mindestlohns wird da ebenso ganz öffentlich nachgedacht

[7] Alles Nähere unter: www.jurop.org/oeffbaurecht/neue-vorgaben-an-die-bauplanungsrechtliche-unterbringung-von-fluechtlingen-und-asylbegehrenden-anmerkungen-zum-gesetzesentwurf-vom-29-09-2015/.

wie über die Genehmigung von 1-Euro-Jobs oder über staatliches Aufstocken von Billigst-Löhnen für Flüchtlinge. Die Kapitalverbände sind wie üblich erfinderisch und Ministerin Nahles steht ihnen darin in nichts nach.[8]

Ob es der Staat oder der Markt ist, der darüber entscheidet, wer die neuen Wohnräume bezieht, ist noch offen. Wie sich Arbeitsplätze in den neu eingerichteten Abteilungen im Niedriglohnsektor auf »Neubürger« und »alteingesessene« Lohnarbeiter verteilen, das wird wohl allein die Konkurrenz entscheiden. Unter staatlicher Betreuung geht die Integration in die deutsche *Konkurrenzgesellschaft dann ihren* kapitalistischen Gang; und der hält für die Flüchtlinge einige zusätzliche Lektionen an nationaler *Sittlichkeit*, nämlich in das, was sich hierzulande in der deutschen Arbeitswelt gehört, bereit. In der ist der Lohnarbeiter ein »Mitarbeiter« und der Eigentümer des Kapitals kumpelhaft ein »Chef«. Die Belegschaft ist nicht Ausbeutungsmaterial, sondern eine »große Familie«. Betriebsräte gibt es auch, die raten dem Betrieb. Und die Gewerkschaften in Deutschland darf man nicht mit Anträgen auf Interessenvertretung überfordern, weil die eventuell nur Arbeitsplätze kosten. Man hat nicht nur pünktlich zur Arbeit anzutreten, sondern die Pünktlichkeit als *Tugend* auszubilden und dem Unternehmer mit der Unterwerfung unter das Leitbild vom deutschen Fleiß Freude zu bereiten usw. – um nur einige der Anpassungsleistungen zu nennen, die hier zur Sittlichkeitserziehung gehören und die obendrein *Gratisgaben kapitalistischen Wirtschaftens* sind.

Vorbereitend trainiert werden die Menschen dafür in der Schule. Nicht nur deswegen ist ihr Besuch *Pflicht*. Aber in ihr geht es auch darum, dass sich der Nachwuchs der »Altbürger« in *Toleranz* gegenüber den »Neubürgern« übt. Die Schulmeister wissen, welche Auswirkungen die Geistesverfassung hat, die die Nationalerziehung des deutschen Alltagslebens bereits in den Köpfen von Jungbürgern etabliert – sie bemühen sich ja nach Kräften um sie.

---

[8] Vgl. dazu auch den Exkurs nach Kapitel 2.

■ *Integration im Konzept globaler Bevölkerungspolitik*

Der Status des »*Neubürgers*«, der der Kanzlerin nach ihrer bevölkerungspolitischen Konzeption für diese Flüchtlinge vorschwebt, wird auch nach besten Erfolgen in Integrationskursen *nicht* identisch sein mit dem des *deutschen Staatsbürgers* mit Pass, Siegel und Fahne. Und soll es auch gar nicht werden. Das wäre für sie und ihre Mannschaft »altes Denken« und würde nicht mehr in eine Zeit passen, in der sich *Bevölkerungen* nicht mehr ausschließlich *völkisch*, d.h. – nach dem »ius sanguinis« – aus sich selbst heraus generieren. Mit ihrer imperialistischen Definition von Bevölkerung, um die es der Kanzlerin geht – auch wenn sie Imperialismus eher mit Kolonialismus als mit der globalen Konkurrenz verbindet, die sie als machtpolitisch tätiges Subjekt selbst mitbestimmt –, nimmt sie zur Kenntnis, dass sich Menschen aus aller Herren Länder zum Teil auf dem globalen Arbeitsmarkt um bessere Jobs bewerben, zum Teil als überflüssig gemachte Arbeitskraftreserve von ihrem Heimatstaat anderen nationalen Arbeitsmärkten angeboten werden oder als Flüchtlinge durch die Welt vagabundieren, von denen immer nur einige irgendwo unterkommen, in der Hoffnung, dort mit irgendeiner Arbeit ein Auskommen zu finden. Neu daran ist nicht, *dass* es diesen grenzüberschreitenden Betrieb von Volksteilen *gibt*. Irgendwoher müssen die Szymanskis, Szymaniaks und Podolskis, die Lafontaines, de Maizières und Lefevres ja gekommen sein. Neu daran ist zum einen, dass es inzwischen zur »Globalisierung« gehört, dass große Teile der Weltbevölkerung ständig auf der Flucht sind und andere sich grenzübergreifend auf dem Weltarbeitsmarkt dem internationalen Kapital andienen; und neu ist zum anderen, *wie* sie dem alteingesessenen Staatsvolk *zugeordnet* werden. Je nach politischem und ökonomischem Interesse haben sich eingeborene Völker immer mehr damit abzufinden, dass zu ihrer Bürgerschaft Fremde als »Neubürger« dazugehören,[9] dass sie mit oder ohne Wechsel der Staatsbürgerschaft in die Gesellschaft

[9] Deutschland hat hier einen »Nachholbedarf«. Was in Europa Frankreich und Großbritannien im Umgang mit den eingewanderten Volksteilen aus ihrer großkolonialen *Vergangenheit* längst durchgesetzt haben, so etwas will die Kanzlerin als neues *Gegenwarts*konzept zum Wohle der deutschen Nation ins Werk setzen.

eingebaut werden, aber auch wieder in die Heimat zurückkehren, wenn sie nicht mehr gebraucht werden oder wenn Fluchtursachen nach Auffassung der Zielländer soweit abgebaut sind, dass asylrechtlicher Aufenthalt nicht mehr gewährt wird. Auf ein Staatsvolk wird deswegen noch längst nicht verzichtet. Es bildet dann so etwas wie eine *nationale Stammbelegschaft* aus den »Alteingesessenen«, die je nach Weltlage und Interesse um »Neubürger«, die dann auch noch demographisch vereinnahmt werden, aufgestockt oder auch wieder reduziert wird. Ein perfektes Vorbild für so ein modernes »Volkstum« sind die USA.

> »Dort konstituiert sich ein komplettes Staatsvolk von vornherein – einst mit Negersklaven und ein paar nicht ausgerotteten Indianern als ›ethnischer‹ Komponente (...) – als kapitalistische Klassengesellschaft aus freien Erwerbsbürgern, die ihren ›Volkscharakter‹, ihre nationalen Eigenarten und ihren Sektenglauben, zwar nicht in Europa bzw. Ostasien zurückgelassen, aber zu ihrer kollektiven Privatangelegenheit gemacht haben und als solche weiter pflegen und mit ihrem bis heute ungetrübten stolzen Bewusstsein, sich in den USA den zu ihnen passenden Staat geschaffen zu haben, nur ein bisschen verkehrt herum zum Ausdruck bringen, dass *ihr* ›völkisches‹ Selbstverständnis gar nichts anderes zum Inhalt hat als die Zugehörigkeit zu dieser kapitalistisch und imperialistisch so besonders erfolgreichen Macht.«[10]

Ob Merkel bei ihren Überlegungen über den großen Teich schielt oder nicht, ist dabei gleichgültig. Das bevölkerungspolitische Konzept, das sie hierzulande mit ihrer neuen Flüchtlingspolitik verfolgt, führt – zu Ende gedacht – zu jener Komposition eines Staatsvolks, die den Freiheitsstall jenseits des Atlantiks auszeichnet.

## Rückführung als Eroberungsprogramm

Genau das spricht die Kanzlerin auf ihre Weise an und verweist zugleich auf einen ebenfalls imperialistisch gedachten *Zusatznutzen* ihrer neuen Flüchtlingspolitik, den sie sich von einem Teil der Zugewanderten verspricht:

[10] Aus: Das Volk – eine fürchterliche Abstraktion, in: GegenStandpunkt, Heft 1/2006, S. 131.

»Wenn in Syrien einmal Frieden wäre, dann würden viele derer, die heute einen Aufenthaltsstatus nach der Genfer Konvention haben, auch wieder zurück in ihre Heimat gehen. Ich plädiere auch dafür, dass wir ihnen nicht einreden, dass sie das nicht tun sollten; denn die Idee, dass man auf der Welt nur in Deutschland gut leben kann, wird von sieben Milliarden Weltbürgern nicht geteilt. (...) niemand verlässt leichtfertig sein Land. Wenn die Bedingungen, in dieses Land zurückzukehren, gegeben sind, dann haben wir und die Flüchtlinge einen Riesenerfolg gemeinsam (!) erreicht (...) Aber wir wissen nicht, wie die Zukunft ist, und deshalb plädiere ich dringend dafür, schnell mit der Integration zu beginnen; denn alles, was man hier lernt, kann man in jedem Land (?) nutzen – sowohl bei uns als auch in Syrien.«[11]

*Überflüssige, unterversorgte, vertriebene oder geflüchtete Menschenmassen sind in dieser Politik nicht nur zu kontrollierende, einzulagernde und zu integrierende Last, sondern immer zugleich so etwas wie eine Manövriermasse der Bedarfe der kapitalistischen Metropolen für sich selbst und für ihre imperialistischen Aufbauprogramme auswärts – z.B. nach erfolgreicher Vernichtung unerwünschter oder militärischer Stabilisierung »treuer« Herrschaften in den Fluchtländern.* Es verweist dies einmal mehr darauf, dass die Staatsvölker, die die Weltbevölkerung ausmachen, immer ununterscheidbarer werden, wenigstens in all den Qualitäten, die ihre Benutzbarkeit zu Hause oder in der Fremde ausmachen: als eingesessene Manövriermasse auf dem nationalen Standort wie auch flexibel auswärts einsetzbare oder relativ überschüssige Arbeitskraftressource. Flüchtlinge sollen, so sie dazu taugen, sagt die Kanzlerin, in dieses Konzept eingepasst werden; auf jeden Fall diejenigen, die hier zur Integration anstehen. So lässt sich aus Teilen der geflüchteten Hungerleider, die zunächst nur Last und Kosten bedeuten, *zusätzlich* eine Mannschaft machen, die, polit-ökonomisch passend qualifiziert und wertemäßig korrekt eingenordet, das frisch dem Westen eroberte Land nach dem in den Metropolen gelernten Muster und für westlichen Nutzen wieder aufbauen, nachdem westliche und russische Waffen es zusammengebombt haben.

[11] Regierungserklärung vom 15.11.2015.

Das ist nicht nur ein Anspruch der Kanzlerin, sondern wird in Deutschland bereits sehr konkret angegangen. So hat das Auswärtige Amt ein Programm unter dem zielführenden Namen »leadership for syria« aufgelegt, für das sich junge Syrer bewerben können. Der DAAD (Deutsche Akademische Austauschdienst) übernimmt die Organisation und wählt unter syrischen Bewerbern, die z.B. im Exil leben, sorgfältig aus.[12] Zudem erhalten auch die Kriterien für Kontingentflüchtlinge aus Syrien, ein Programm, das die Bundesregierung schon 2013 aufgenommen hat und zur Legalisierung der Flucht fortsetzen will, eindeutige Hinweise auf die spätere Funktion der geflüchteten Syrer als »Missionare« für den demokratisch-kapitalistischen Wiederaufbau: Sie sollen »die Fähigkeit (besitzen), nach Konfliktende einen besonderen (!) Beitrag zum Wiederaufbau zu leisten«. Keine Frage, alle Rückkehrer werden dafür in die Pflicht genommen, aber einige haben eben noch besondere, meint: Führungsaufgaben zu erledigen. Kosten soll dieses Programm Deutschland dennoch nichts, weswegen nur Flüchtlinge unter die beschlossenen Kontingente fallen, die Verwandte in Deutschland haben, welche »mit einer Verpflichtungserklärung bestätigen (müssen), dass sie bereit und in der Lage sind, sämtliche Lebensunterhaltungskosten zu tragen«.[13]

---

[12] Am liebsten hat er Bewerber, die keinen Zweifel daran aufkommen lassen, dass sie später ihr Land wieder aufbauen wollen, weil sich ihre »Träume (...) an einem neuen, einem anderen Syrien festmachen«. (SZ, 3.1.2016) Zu dem Programm des Außenministeriums passt die Ankündigung aus dem Verteidigungsministerium vom Februar 2016, die Berufsausbildungswege der Bundeswehr für syrische Flüchtlinge zu öffnen. Damit würden gleich viele Fliegen mit einer Klappe geschlagen: Neben geregelter Unterkunft, Versorgung und Qualifikation wäre zum einen die weitere sittliche Integration durch Unterordnung unter militärische Disziplin und zum anderen einem zukünftigen syrischen Staat der Grundstock einer militärischen Elite nach westlichem Muster gesichert.

[13] Aus: http://mediendienst-integration.de/migration/flucht-asyl/syrische-fluechtlinge.html. So etwas ist im Kern auch nicht ganz neu. Schon während des Kalten Krieges sind Exilanten aus Staaten des sowjetischen Machtbereichs im Westen zu »Exilregierungen« ausgebildet und dort aufbewahrt worden.

*

Für Merkel buchstabiert sich das alles als »*Chance* für die Menschen«. Dabei sorgt sie selbst mit dafür, dass nach wie vor für den größten Teil dieser volatilen »Weltbevölkerung« nichts als ihre Verwaltung als abgesonderter Menschenschrott herauskommt. Nur für einige von ihnen stellt die global angelegte Konkurrenz um kapitalistisch eingerichtete Arbeitsplätze diese »Chance« dar, für andere, die aufgenommenen Flüchtlinge, wird die »Parallelgesellschaft« in Deutschland zur neuen Heimat. Dabei fällt zusätzlich eine auswärts einsetzbare »Elite« ab, die Deutschland ewig dankbar ist. *Das ist Flexibilität global, imperialistisch kontrolliert und benutzt!*[14] Die nationale Stammbelegschaft wird da passend zugeordnet: Auch sie richtet sich ihrer großen Masse nach in ihren Parallelgesellschaften ein – in den »bildungsfernen Schichten«, den »sozialen Brennpunkten« oder in Kleingärtnersiedlungen –, weiß ihr Leben am Standort abhängig vom kapitalistischen Angebot an Arbeitsplätzen, wird auch schon mal ins Prekariat der Dauerarbeitslosen abgeschoben und ist ihrer Führung dankbar, zu einem Laden zu gehören, der auf der Welt einiges hermacht. Von der *Fiktion* einer nationalen Gemeinschaft, die mit jedem Standorterfolg letztlich und irgendwie auch ihre Interessen bedient, mag sie bis in alle Ewigkeit nicht lassen. Belege, wenigstens für deutsche Erfolge auf dem Weltmarkt, werden ihr geboten. *So wird langfristig dafür gesorgt, dass schließlich die Gesamtheit der modernen Weltbevölkerung ihr Leben als »radikale Abstraktion von ihren materiellen Lebensbedürfnissen« lebt.*[15]

## Nationale Umerziehung des deutschen Volkes

Das deutsche Volk entspricht diesem Bild noch nicht. Das darf nicht verwundern, denn ein Widerspruch, der die Integrationspolitik unaufhebbar durchzieht, sorgt dafür, dass mit jeder Anstrengung um eine Neujustierung des Staatsvolks zugleich die Sortierung nach In-

---

[14] Dass sich so ein global flexibles Geldverdienen schlecht mit eingerichteter Privatheit, mit Familie oder Freundschaften etc. verträgt, muss nicht gesondert betont werden.

[15] Aus: Das Volk – eine fürchterliche Abstraktion, in: GegenStandpunkt, Heft 1/2006, S. 134.

und Ausländern bekräftigt wird. Einerseits sollen die Flüchtlinge aus der Fremde möglichst störungsfrei bis nützlich als *Neubürger* in die deutsche Gesellschaft eingebaut werden, andererseits unterstreicht gerade die Kanzlerin bei diesem Bemühen immer wieder, dass es da schon was zu »schaffen« gibt, wenn Menschen integriert werden sollen, die *Ausländer* sind und bleiben oder später mit dem Migrationshintergrund als Rucksack herumlaufen. Es sieht sich dann auch die Merkel-Regierung genötigt, bei ihren Inländern auf einer *Neujustierung* von *»nationaler Identität«* zu insistieren: Der Standpunkt, den sie an der ungarischen, polnischen, slowakischen oder tschechischen Regierung als Störung des Schengenprinzips und damit der »europäischen Solidarität« kritisiert, und den sie auch bei braven Deutschen als *völkische Stellung* zu ihrer Heimat vorfindet, bedarf der Korrektur. Dabei soll den Deutschen darüber nicht ihr Nationalismus ausgetrieben werden. Vielmehr soll er einen »globalisierten« Zuschnitt erhalten.

Zu so einem »Umerziehungsprogramm« gehört die *»Willkommenskultur«* – es erschöpft sich aber nicht in ihr.

### ■ *»Willkommenskultur«*

Wenn dem deutschen Fernsehkonsumenten vorgeführt wird, dass sich nicht wenige seiner Landsleute zur Begrüßung der elend daherkommenden Flüchtlingsmassen an Bahnhöfen versammeln und diese, ausgerüstet mit Wasserflaschen, Decken und Teddys, in Abklatschspalieren mit »Hurra«-Rufen und Deutschlandfahnen empfangen, dann ist das nicht nur ein perverses Schauspiel, das da über die Mattscheibe flimmert. Das Elend der Welt wie eine siegreiche Fußballnationalmannschaft in Empfang zu nehmen, das geht nur, wenn diese Grußdeutschen an den Einreisenden weniger deren Not als vielmehr den Anlass entdecken, ein *Deutschland* vorzuführen, das sich durch *spendable Hilfsbereitschaft und viel Toleranz* auszeichnet.

So wenigstens wurden diese Begrüßungsszenen telegen inszeniert, ganz gleichgültig gegenüber den Motiven, die deutsche Menschen an die Bahnhöfe getrieben haben. Ob viele von denen einfach nur helfen wollten, bei anderen pure Neugier im Spiel war, und wie viele von ihnen tatsächlich schwarz-rot-gold aufgelaufen sind, war den Fernsehanstalten egal.[16] Ihnen kam es nur auf eine Botschaft an: *Deutschland präsentiert sich als tolerantes, weltoffenes, großherziges Land, dessen Bürger – und zwar quer durch alle Schichten der Gesellschaft – Vertriebene, Verfolgte, Verarmte, die in Nachbarländern abgewiesen worden sind, bei sich aufnehmen.*

Diese TV-Orgie an Nationalstolz im Gewande von Humanität legte das Gewicht darauf, ein Deutschlandbild in der ganzen Welt zu verbreiten, das jedermann davon überzeugen sollte, dass »die Deutschen von heute ganz anders« sind; dass sie Menschen nicht mehr wie einst vertreiben, sondern – diesen Maßstab braucht es für so eine Selbstbeweihräucherung schon – zu sich einladen, wenn sie woanders vertrieben werden, und die heute den Rechtsradikalen im Lande, den »unverbesserlichen Alt- und Neunazis«, keine Chance lassen. Ob das die Pegida-Anhänger überzeugt, muss bezweifelt werden; sehen sie da doch erstens nur Massen einströmender Fremder und zweitens »undeutsche« jubelnde Ausländerfreunde. Denjenigen inländischen Bürgern jedoch, die vielleicht gerade noch auf der Anti-Pegida-Demo mitgelaufen und gegenüber deutscher Flüchtlingspolitik bisher sehr *kritisch* waren, vermag deutsche Willkommenskultur nebst einer Beteiligung an ihr das Bild einer Heimat zu vermitteln, das ihrer Vorstellung von Deutschland entspricht: Sie sind auf sich und damit auf dieses Deutschland stolz. Endlich erfüllt sich für diese deutschen Patrioten der Wunsch, sich im nationalen »Wir« heimisch fühlen zu können. Leicht gelingt es ihnen dabei, mit den Humanitätsidealen den Gehalt neuer deutscher Flüchtlingspolitik umzudenken. Ihre Kritik hat also auch vorher nichts getaugt.

### ■ *Flüchtlinge adeln Deutschland*

Auch zur weiteren Pflege und Vertiefung dieser Gesinnung bediente und bedient sich die Kanzlerin des Patriotismus deutscher Bürger und macht ihm ein bemerkenswertes ideelles Angebot. Sie

---

16 Es ist mir allerdings auch nichts davon bekannt, dass jene Bürger, die an Menschen in Not nur erste Hilfe und sonst nichts leisten wollten, öffentlich Beschwerde über diese Darstellung eingelegt haben. Dass jedoch Flüchtlinge von dieser Begrüßung überwältigt waren, sollte man denen wirklich nicht vorhalten.

erklärt: Die Massenflucht nach Deutschland sei doch ein Zeichen *besonderer Wertschätzung* dieses Landes. »Dass so viele Flüchtlinge gerade nach Deutschland wollten, darauf könne man ja auch stolz sein.«[17] Und: »Wir schaffen das, Deutschland ist ein reiches Land.«[18]

Bemerkenswert an dieser Sorte Nationalstolz, den die Kanzlerin den Bürgern als zeitgemäße Variante ans Herz legt, ist zum einen die Umkehrung des »alten Denkens«: Aus dem abweisenden Befund, »wir sind doch nicht das Sozialamt der Welt«, wird bei Merkel im Jahr 2015 die *Berufung auf die ökonomische Potenz und die Bürgermoral* in Deutschland. Aus dem alten: »Wir können nichts weggeben!« wird nun ein: »Wir haben für die Ärmsten der Welt etwas übrig – und sind stolz darauf!« Das ist die Vorstellung eines Patriotismus, der sich selbstbewusst auf die Standorterfolge der Nation beruft und aus ihnen die nächste Etappe der Etablierung im Konzert der Weltmächte ableitet. Den Landsleuten wird nahegelegt, sich ganz mit ihrer Rolle als Standortbesatzung zu identifizieren und nationalen Reichtum wie etwas zu betrachten, von dem sie höchstpersönlich etwas zu verschenken hätten – ungeachtet der Tatsache, dass diese Erfolge mit einem Niedriglohnsektor, also mit Mindestlöhnen, Leiharbeit und Minijobs, dazu mit Beschäftigung senkenden Produktivitätssteigerungen und einem beträchtlichen Sockel an Dauerarbeitslosen auf ihre Kosten erarbeitet worden sind.

Das große nationalistische »Wir«, das Merkel in jeder »Wir-schaffen-das-Rede« bemüht, macht sich hier frei von den klassischen *ideologischen Bebilderungen von Identität* wie Geschichte, Sitte, Kultur und Sprache. Natürlich ist Deutschland weiter das »Land der Dichter und Denker«. Auf dieses Attribut, mit dessen Gehalt die deutschen Bürger vom Hauptschüler bis hin zu der Masse borniert ausgebildeter Jungbürger ohnehin nichts anfan-

---

[17] www.t-online.de/nachrichten/deutschland/gesellschaft/id_75635312/angela-merkel-fluechtlingskrise-bringt-ihr-deutschland-durcheinander.html.

[18] www.focus.de/finanzen/news/arbeitsmarkt/laut-merkel-deutschland-ist-ein-reiches-land-zahlen-vom-statistischen-bundesamt-kommentar_id_7084172.html.

gen können, wird natürlich nicht verzichtet. Aber es erfährt in der Flüchtlingsdebatte eine *staatsmaterialistische* Ergänzung, die ideologisch nicht in ihrem Verweis auf die nationalökonomischen Erfolge, sondern allein in deren Darstellung als *Besitzstand von »uns allen« enthalten ist,* der zugleich die Gelegenheit wie die Pflicht einschließt, den Elenden der Welt zu helfen.

Zugleich wird dieser unverhohlene Stolz auf kapitalistische Wachstumserfolge mit der Ankündigung verbunden, dass »es vieler *Anstrengungen* (...) und eines hohen Maßes an *neuem Denken*« bedarf, um die »Probleme zu bewältigen«, die daraus resultieren, dass »unser eigenes deutsches Handeln und Tun in eine globale Welt eingebettet ist (...), wir in einer gemeinsamen Welt leben (...)«.[19] Die Umrüstung des *völkischen* zu einem *weltoffenen, globalisierungstauglichen Nationalismus* – das ist das »neue Denken« –, gepaart mit dem moralischen Lob der *Hilfsbereitschaft* des deutschen Volkes, gibt es nicht umsonst, deutet die Kanzlerin an. Dabei erschöpft sich so eine Hilfsbereitschaft natürlich nicht im gelegentlichen Durchmustern des eigenen Kleiderschranks. Öffentlich wird über eine Umwidmung des Soli, eine Flüchtlingssteuer, eine Benzinsteuer und über Neuverschuldung, welche bekanntlich selten auf Kosten der Diäten von Politikern geht, nachgedacht. Bürger, die sich diesen Schwenk in der Ausrichtung von »nationaler Identität« einleuchten lassen, dürfen dann zusätzlich die oft genug eingeübte Vergleichslogik affirmativ zum Einsatz bringen, derzufolge es ihnen immer noch besser geht als – in diesem Fall – den Flüchtlingen.

### ■ *BILD gegen Vorurteile*

Bei diesen und anderen ideologischen Anstrengungen hilft BILD. Sie hat eher den defensiven Part übernommen, wenn sie in Fettdruck den Kampf gegen ausländerfeindliche Vorurteile aufnimmt: »BILD entlarvt – Sieben Vorurteile gegenüber Flüchtlingen«,[20] die sie deswegen so gut kennt, weil sie mit daran beteiligt war, sie – in

---

[19] Regierungserklärung vom 25.11.2015.

[20] BILD, 26.8.2015.

welcher Form auch immer – im Volk zu verankern.[21] Die Wucht dieser Entlarvung liegt weniger in ihrem Gehalt als vor allem in dem Umstand, dass die größte deutsche Arbeiterzeitung sich ihrer annimmt und damit der Kanzlerin zur Seite steht. Es reicht die Botschaft, dass *BILD für Flüchtlinge Partei ergreift*, wie Ex-BILD-Feinde im Netz ergriffen bemerken. Dass dabei gerade diese Entlarvung die Vorurteile eher bestätigt als widerlegt, ist auch denen entgangen, die die Unglaubwürdigkeit der BILD mit Waschkörben von Zitaten, die gegenteilige Urteile aus der BILD der Vergangenheit enthalten, belegen wollen. Für sich prüfen auch sie kein einziges Urteil, teilen es vielmehr, wenn ihre Kritik allein darin besteht, auf den Verfasser zu deuten.[22] Das Muster, das BILD bemüht, ist immer dasselbe. Sie nimmt die *Vorurteile* wie *Argumente zur Sache*, die sie nicht sind, und kontert sie mit Fakten und Zahlen, die sie nicht nur nicht treffen, sondern bestätigen. Ein Beispiel:

> »1. Flüchtlinge nehmen uns die Jobs weg. Falsch! Der Arbeitsmarkt in Deutschland brummt. Zur Jahresmitte waren fast 43 Millionen Menschen erwerbstätig (...). Gleichzeitig waren bei den Arbeitsagenturen 589.000 Stellen als offen gemeldet (...).«

Das Vorurteil ist demnach *konjunkturabhängig*. Sind aus den Vorurteilen dann, wenn der Arbeitsmarkt nicht brummt, nicht neu eingestellt, sondern sogar entlassen wird, plötzlich *richtige Urteile* geworden? Für BILD offenbar. Ihre Leser interessiert diese »Entlarvung« ohnehin nicht so sehr. Für sie sind diese Urteile nämlich gar *keine Begründung* ihrer Ausländerfeindlichkeit, sondern *folgen* aus ihr und sind deswegen *austauschbar*. Aber, wie gesagt, es besteht das Bemerkenswerte an dieser Aktion ohnehin allein darin, *dass* sich BILD positioniert und dokumentiert, dass sie auf der

---

[21] Das Netz ist inzwischen voll mit Seiten, auf denen BILD Heuchelei, Doppelmoral oder ähnliche Scheußlichkeiten mit Belegbeispielen vorgehalten wird (vgl. Bildblog etc.).

[22] Dieselbe »Entlarvung« von unverdächtiger Seite kommt dagegen immer gut an. Wissenschaftler wie K.-P. Hufer oder W. Wagner, von denen BILD »abgeschrieben« hat, sind unverdächtig und ziehen mit ihren »Argumenten gegen Stammtischparolen« durch die Volkshochschulen. Zur ausführlichen Widerlegung vgl. F. Huisken, Der demokratische Schoß ist fruchtbar..., a.a.O., S. 192ff.

richtigen, fortschrittlichen, der Weltoffenheit zugewandten Seite steht. *Das* sollen die BILD-Leser zur Kenntnis nehmen. So präsentiert sich die Zeitung mit dieser und anderen Aktionen[23] – als »Zentralorgan der Willkommenskultur fürs deutsche Volk«. BILD verwendet dabei »die Maßstäbe einer kollektiv vollzogenen ideellen Nützlichkeits- bzw. Sittlichkeitsprüfung – ordentlich arbeiten, sich an Gesetze halten, als anständig Arbeitender ein Anrecht auf einen Job haben –, an denen entlang Ausländer von überzeugten Patrioten üblicherweise als minderwertig, weil nicht zum ›Wir‹ einer vorgestellten nationalen Gemeinschaft gehörig identifiziert werden, um das negative Vorurteil als unzutreffend zurückzuweisen. Weil BILD entschlossen ist, Merkels Willkommenskultur dem Volk zu verdolmetschen, passen die ausländischen Flüchtlinge einfach zu uns: Sie sind das passende Geschenk für den Stolz des anständigen deutschen Patrioten«,[24] der sein völkisches Sortierungsdenken hinter sich gelassen hat.

*

So richtig greift das Umerziehungsprogramm nicht. Allenthalben wird vor einer »Spaltung des deutschen Volkes« gewarnt. Nicht zuletzt auch von jenen, die sie schüren. Der bayerische Ministerpräsident Seehofer warnt seit Monaten davor, dass eine »Belastungsgrenze« überschritten wird, man dringend Obergrenzen für die Aufnahme von Flüchtlingen beschließen muss, weswegen er für seine Partei die Obergrenze schon mal bei 200.000 pro Jahr festgelegt hat. Dass mit den erreichten Grenzen der Belastbarkeit nicht Grenzkontrollpersonal gemeint ist, weder fehlende, beheizbare Zelte noch Transportmittel usw., belegen die CSU-Bayern selbst, wenn sie zugleich stolz vermelden, wie gut sie den in ihrem Bundesland anlandenden Menschenstrom bewältigen. Wen oder was Seehofer oberhalb einer Grenze belastet sieht, das sind die Teile des deutschen Volkes, die noch im »alten Denken« verhaftet sind. Dabei steht zu vermuten, dass er mit der Parteinahme für diese deutschen

---

23 Wie z.B. der »Wir-helfen«-Aktion« von BILD.

24 BILD als Anführer der »Willkommenskultur«, in: GegenStandpunkt, Heft 4/2015, S. 32.

Bürger – allemal Wähler –, die nur, wie er nicht müde wird zu betonen, etwas »Sorge vor der Zukunft haben« und deswegen nicht mit Anhängern der AfD, Pegida und noch rechtsextremeren Parteien verwechselt werden dürfen, zugleich einen eigenen Rest von völkischem Denken einbringt. Der Streit zwischen den »Schwesterparteien« eskaliert dabei. Neuerdings beklagt Seehofer sogar, dass in Berlin eine »Herrschaft des Unrechts«[25] an der Macht sei. Mit diesem Streit wird quasi stellvertretend die Fraktionierung ausgetragen, die das deutsche Volk in dieser Frage kennzeichnet: Nur eben nicht als Zank streitlustiger Bürger, sondern als *Machtfrage.* Deren Austragung wird vom Stammtisch genüsslich im Fernsehen verfolgt, was die streitenden Parteien etwas beruhigt. Dass noch mehr Teile des Volks zur AfD wechseln oder gar die Flüchtlingspolitik wieder in die eigenen Hände nehmen und Heime anzünden, das wünscht sich keine der anderen Parteien, weder eine an der Macht noch eine aus der Opposition. So etwas muss sofort unterbunden werden; und zwar mit neuer Härte *gegen die Flüchtlinge.*

## Exkurs: Werteerziehung, das A&O der Integration

### Werte begründen – wie geht das?

Es gibt kaum eine Talkshow zum Thema Integration, in der nicht einvernehmlich gefordert wird, die *Werteerziehung* der Flüchtlinge zu forcieren. Sie wird zum A & O der Integration erklärt. Zugleich wirft man sich wechselseitig vor, kein Konzept für sie zu besitzen, also Lehrer, Sozialarbeiter, Leiter von Integrationskursen, die sich dieser Aufgabe stellen, im Stich zu lassen.[26] Ein Wunder ist das nicht. Wie sieht denn ein Konzept aus, das solchen Menschen einen *Tugend*katalog *erklären* und *begründen* soll, die nicht mit einer Tabula rasa im Kopf einwandern, welche nur frisch beschrieben werden muss, sondern die als in ihrer Heimat »sozialisierte« Fremde um Asyl nachsuchen; die gerade im Verhältnis

[25] www.n-tv.de/politik/Wie-lange-ertraegt-die-CDU-Seehofer-noch-article16971341.html.

[26] Wie z.B. in einer Sendung mit Anne Will vom 17.1.2016 in der ARD.

der Geschlechter etwas ziemlich anderes als die Gleichberechtigung von Frauen und Männern gelernt haben, es vielleicht sogar als *Glaubensartikel* oder *erlernte Gewissheit* verinnerlicht haben, dass *Frauen private Schutzobjekte ihrer Männer* sind und sich auch genauso aufzuführen haben. Den Migranten mit oder ohne diese rassistische Glaubensgewissheit einfach mitzuteilen, dass es hier anders zuzugehen hat, dass z.B. sexuelle Übergriffe auf Frauen, die dem Bild der Muslime so gar nicht entsprechen, nicht geduldet werden, wäre albern. So etwas braucht es nicht. Das wissen sie bzw. merken es spätestens dann, wenn ihnen Frauen bedeuten, dass sie ihnen *nicht zu Willen* sein wollen. Eine *Begründung*, die den Glauben, d.h. das Allah gefällige Leben erschüttert, leistet so etwas jedoch nicht.[27] Denn der lebt von der begründungslosen *Gewissheit*, dass der freie Wille der Frau *nichts gilt,* wenn er dem des Mannes entgegensteht. Dass allein ein *Wissen* um die hier per Grundgesetz fixierte Gleichberechtigung bei derart »frauenfeindlichen«[28] Muslimen nicht zugleich handlungsleitende Maxime wird, erklärt sich also daraus, dass eben nicht die Bedeutung eines Verkehrszeichens, die Anzahl der Bundesländer oder die Funktion des Bundesverfassungsgerichts neu gelernt, sondern per theoretischer Vermittlung die im Geist dieser Gläubigen verankerte und zum religiösen *Lebensgesetz* erklärte Stellung zur Frau, die damit weit mehr ist als nur *Privatsache*, korrigiert werden soll.

Dass solche Werte wie jener der Geschlechteregalität einen *guten Grund* haben, das ist die *hiesige Gewissheit*. Der soll per Werteerziehung begründet, erläutert, überzeugend nachgewiesen werden.

---

[27] Die bisher vorgesehenen und in zahlreichen Verordnungen fixierten Integrationsvorschriften nehmen sich ohnehin mehr wie Fahrschulprüfungen aus: »Für das Bestehen des Orientierungskurses (...) müssen im Test ›Leben in Deutschland‹ mindestens 15 von 33 Fragen richtig beantwortet sein.« (Integrationskurstestverordnung § 10 [2]von 2013)

[28] Was hier als »Frauenfeindlichkeit« gilt, ist bei Lichte besehen fast das Gegenteil – was die Sache nicht besser macht: Muslime verhalten sich »feindlich« nur gegenüber solchen Frauen, die sich abweichend von ihrem Frauenbild aufführen. Diese Frauen, eben die gleichberechtigten weiblichen Rechtspersonen in den demokratischen Metropolen, gelten ihnen dann nicht mehr als »schutzwürdig«.

Doch geht das überhaupt anders als mit dem *tautologischen* Verweis darauf, dass die Gleichberechtigung gut ist, weil dann Frauen und Männer gleiche Rechte haben?

Wo die Begründung in nichts anderem als in der Wiederholung des zu Begründenden besteht, nur verbunden mit einem erschwindelten »weil«, kann man von Begründung wirklich nicht reden. Ihre Quintessenz lautet: Das Gute ist eben gut, weil es zu den Werten, also zum Guten gehört. Auch der Hinweis, dass man zu den Guten gehört, wenn man diesen Wert akzeptiert, weil Egalität etwas Gutes ist, bemüht dieselbe Tautologie. Ähnlich verhält es sich mit der Auskunft, es würde doch zwischen den Geschlechtern Frieden herrschen, wenn sich alle an diese Werte halten. Sie taugt zudem deswegen nichts, weil von den Andersgläubigen gerade behauptet wird, Frieden zwischen Geschlechtern bestehe dann, wenn die Menschen sich den von Allah zugewiesenen *nichtegalitären* Geschlechterrollen fügen.

Die Tautologie all dieser Begründungen ist sachlich zwangsläufig, da die Definition von Werten und Tugenden gerade darin besteht, dass sie sich jeder Begründung *entziehen*. Auch über den Nachweis der Funktion von Tugenden *als* Tugenden kommt man nicht weiter. Schon älteren Philosophen ist da kaum etwas Besseres eingefallen. Allerdings darf der Hinweis auf den *»kategorischen Imperativ«* in der Werteerziehung nicht fehlen, den man in seiner umgangssprachlichen Form als »Was du nicht willst, das man dir tu', das füg' auch keinem anderen zu!« kennt. Um muslimische Fundis von der Gleichberechtigung der Geschlechter zu überzeugen, taugt er deshalb nicht, weil in ihm bereits als gelungen unterstellt ist, was sich erst als Einsicht in eine Begründung einstellen soll. Wie würde denn deren Replik lauten: »Das sollen Frauen mal versuchen, mit mir als Mann so umzugehen, wie es sich ihnen gegenüber gehört!«[29]

Den Eingewanderten den tatsächlichen Grund der Gleichberechtigung zu erläutern, sie also darauf zu verweisen, dass dies nichts anderes als ein Resultat des *politökonomischen Interesses* an

---

[29] Weiteres zur Kritik des kategorischen Imperativs in: F. Huisken, Erziehung im Kapitalismus, Hamburg 1998, S. 361f.

Frauen als Arbeitskräften bzw. als Arbeitskraftreserve darstellt – und zwar durch Moral überhöht und von Feministinnen durchgesetzt –, fiele in die *Kritik der herrschenden Produktionsweise* und läge deshalb wohl kaum im Interesse der geforderten Integrationskurse.

Gleiches gilt für den Versuch, ihnen die Verwandlung dieses Egalitätsgrundsatzes in *Moral* mit dem Argument zu erklären, dass die kapitalistische Produktionsweise in ihrem Interesse an für sie brauchbaren Arbeitskräften kapitalistisch gute Gründe kennt, Frauen und Männer gerade *nicht* gleich zu behandeln. Lauter Argumente, die statt *für* Werte Reklame zu machen, mehr dafür sprechen, ihnen zutiefst zu misstrauen und sie mit der Beseitigung ihrer Grundlage aus dem Verkehr zu ziehen.

Dass Frauen hierzulande immer wieder unter der Parole: »Gleicher Lohn für gleiche Arbeit« demonstrieren, verweist zugleich darauf, dass diese Egalitätsforderung nicht erst damit in die Welt gekommen ist, dass Andersgläubige in größerer Zahl aus ihrer Heimat und mit ihren Sitten hierzulande eingewandert sind. Überflüssig scheint diese Parole nach knapp 200 Jahren Kapitalismus auch in den modernen Zivilgesellschaften noch nicht geworden zu sein. Wenn der hiesigen Produktionsweise nebst der dazugehörigen Gesellschaftsform die »Diskriminierung« der Frau selbst nach ihren rechtlichen Gleichstellungen nicht *bleibend immanent* wäre, müsste es die regelmäßig wiederholte und im Grundgesetz verankerte Forderung nicht geben, dass alle *Einheimischen* die Egalitätsmoral zu achten haben.

Ein Fortschritt ist allerdings zu verzeichnen. Der besteht darin, dass Frauen hierzulande inzwischen gegen Ungleichbehandlung vor ordentlichen Gerichten *klagen* dürfen und das *Recht* auf einen ordentlichen *Prozess* haben, an dessen Ende mit der *Bestrafung* des Egalitätsverstoßes eventuell derselbe miese Lohn steht, der schon bei den Männern nicht reicht – weswegen die Frauen ja gerade mitarbeiten müssen. Womit wir beim eigentlichen und wahren Kern jeder *erfolgreichen Form von Werteerziehung* für muslimische Flüchtlinge wären. Hierzulande überzeugt von der *Güte* der Werte allein, was jedermann beim *Verstoß* gegen diese Werte blüht: Die drohende *Strafe durch die Staatsgewalt* ist immer noch das beste aller Argumente.[30] Erst wenn diese Drohung im Kopf angekommen ist, wird so etwas wie *Gewöhnung* an eine Gesellschaft einsetzen, deren Sittlichkeit abgelehnt wird, der man aber nicht entkommt. Mit Einsicht hat das nichts zu tun. Aber – wie gesagt: Würde auf Vernunft und Einsicht gesetzt, dann käme dabei nicht nur jede Variante von religiös eingefärbtem Rassismus gegenüber Frauen unter die Räder, sondern auch eine Werteerziehung, die die hier gültige *Moralität* nur mit dem Einsatz staatlicher *Gewalt* einbläuen kann. Nach Köln wird wohl auch mit der *Verschärfung* des Sexualstrafrechts die Werteerziehung gleich weder ein Stück erfolgreicher werden.

### Werteerziehung à la BILD

Auch die BILD beteiligte sich im Herbst 2015 in einer Sonderausgabe auf Arabisch an der Werteerziehung. Dafür kommentiert sie die deutsche Leitkultur in Gestalt der ersten 19 Artikel des Grundgesetzes und bringt das bundesweit unter das Flüchtlingsvolk. Sie bietet den ideologischen Schulstoff zur Verfassung in komprimierter Form und mit einer wohlklingenden Einleitung an:

> »Dieses wichtigste deutsche Gesetz hat Deutschland zu einem *friedlichen* (!) und *wohlhabenden* (!) Land gemacht, in dem sich die Menschen *wohl fühlen* (!) – und viele ihre Heimat suchen.«[31]

Davon sollen Fremde in einem Durchgang durch die wichtigsten Artikel überzeugt werden. Das geht dann so: Zum Artikel 1 etwa heißt es: »Frauen, Männer und Kinder werden vom Staat *geschützt*.« Die Frage, v*or wem* denn die Alten und Jungen, Männer und Frauen eigentlich geschützt werden müssen, wenn es hier letztlich nur Schutzobjekte gibt, dürfen Flüchtlinge ebenso wenig stellen wie die Frage, warum denn ein jeder »das Leben der ande-

---

[30] Ahmed Mansour, ein Psychologe mit arabischem Migrationshintergrund, schließt im *stern* beides unvermittelt zusammen: »Wir müssen die Wertevermittlung als gesamtgesellschaftliche Aufgabe betrachten. Und es muss harte Strafen geben.« (stern, 14.1.2016, S. 44) Er muss es ja wissen.

[31] Das Grundgesetz. BILD zeigt: Das ist unsere Leitkultur, in: BILD, 7.10.2015, www.bild.de/politik/inland/grundgesetz/bild-zeigt-das-ist-unsere-leitkultur-42888004.bild.html.

ren *achten* muss«, wenn er »lebt, wie er *will*« – wie es im Kommentar zu Art. 2 (2) heißt.

Wie sollte man sich, könnte man fragen, in einem Land wohlfühlen, in dem man offenbar ständig dadurch das Leben anderer in Mitleidenschaft zieht, dass man sein eigenes nach seinem Willen organisiert? Die Sache mit dem »wohlhabenden Land« wird ebenfalls gleich widerrufen: Zu Art. 3 (1) heißt es, dass es »den Staat nichts angeht«, ob jemand »Frau oder Mann, *arm oder reich* (!), Christ, Jude oder Muslim, jung oder alt, schwarz oder weiß (ist), ob Männer Männer lieben oder Frauen«. Denn – so heißt die Begründung – »alle haben die gleichen Rechte«. Die werden ihnen, wie BILD selbst schreibt, von niemand anderem als dem Staat verliehen, der obendrein die Verletzung jedes Egalitätsprinzips unter Strafe stellt; was ja wohl darauf verweist, dass in dieser Gesellschaft Bürger mit Interessen am Werk sind, die so friedlich nicht sind. Von wegen, es geht den Staat nichts an! So heißt denn auch der Artikel 3 (1): »Alle Menschen sind vor dem *Gesetz* gleich«. Staatsgewalt schützt Egalität![32]

[32] Dass die BILD-Redakteure das Grundgesetz so schlecht bewerben, ist allerdings angesichts ihres Interesses kaum erstaunlich. Ihnen ist dann auch »entgangen«, dass gerade die *ökonomischen Unterschiede und Gegensätze* in den Art. 3 (2) und (3) *nicht* mit aufgenommen sind. Kein Wunder, denn auf denen *basiert* die Ökonomie dieses Ladens. Die werden in ihr regelmäßig *reproduziert* und *verschärft*, sie sind die Garantie für nationales Wachstum, Akkumulation des Kapitals und einen gefüllten Staatshaushalt, mit dem das nationale Wachstum vermehrt wird. Ein Ministerium, das sich darum kümmert, dass »niemand wegen seiner ökonomischen Lage benachteiligt werden darf«, passt wirklich nicht zum Kapitalismus.

# 9. Zwischenbilanz nach Köln

## Flüchtlinge: »Neue Qualität«

Der Flashmob, zu dem sich in der Silvesternacht einige hundert junge Männer, offenbar in der Mehrzahl Muslime aus dem Maghreb, darunter wohl auch Flüchtlinge, am Bahnhof in Köln zusammengefunden und dort vornehmlich Frauen sexuell belästigt und bestohlen haben, rührt die nationale Debatte über die Flüchtlingspolitik heftig auf. Eine ganz »neue Qualität« von Übergriffen habe sich in Köln, vereinzelt auch an anderen Orten, gezeigt, weswegen der Umgang mit den ungebremst einflutenden Flüchtlingen neu überdacht werden müsse.

Die Debatte lässt sich folgendermaßen zusammenfassen: Es reiche nicht mehr aus, nur über die Grenzen der Belastung nachzudenken, die durch die *Masse* der Flüchtlinge erreicht werden, die hierzulande Asyl suchen. Köln habe gezeigt, dass auch die *Absichten*, mit denen sie nach Deutschland kommen, zu einer enormen Belastung werden können. Was ist, lautet eine ziemlich scheinheilige Frage, wenn die zentrale Unterstellung in unserer »Willkommenskultur« hinterfragt werden muss? Haben diese Flüchtlinge wirklich nur die Absicht, hier ihrem Elend zu entkommen, sich zügig in unsere Gesellschaft zu integrieren und mit eigener Arbeit für ihren Lebensunterhalt zu sorgen? Befinden sich unter ihnen nicht Menschen mit ganz anderen, nämlich *unlauteren* Absichten, die unser »Willkommen«, das allein die Hilfsbedürftigkeit dieser Menschen ins Auge fasst, gar nicht verdienen? Kommen da nicht auch junge Männer, die deutsche Frauen als Freiwild betrachten, und zu Diebesgesindel herangezogene Jugendliche aus dem Maghreb? Muss deswegen nicht erwogen werden, neben der Festlegung einer Obergrenze auch zwischen den »Böcken« und den »Schafen« unter den Flüchtlingen zu sortieren? Reicht es bei den Anträgen auf Asyl, nur nach dem § 16a ,GG zu verfahren und allein die »politische Verfolgung« bzw. den Status als Bürgerkriegsflüchtling zu überprüfen? Ist denn mit der Prüfung der *Herkunft* bereits alles über die *Vorsätze* ermittelt, mit denen Verfolgte die Bundesrepublik ansteuern?

Nimmt man diese Debatte beim Wort, dann müsste *vor* der Überführung in Integrationsmaßnahmen zuallererst die *Integrationsbereitschaft* bestimmter Flüchtlinge untersucht werden – ein Vorhaben mit sehr widersprüchlichen Implikationen. Denn ob ein lauterer Wille zur Integration vorliegt, lässt sich nicht über die Teilnahme an Integrationsveranstaltungen, sondern zuallererst darüber ermitteln, ob sich Flüchtlinge hiesigen Anforderungen praktisch unterwerfen, also erst dann, wenn sie bereits in den Alltag der bürgerlichen Gesellschaft entlassen sind. Da ist es dann schon »sinnvoller«, mit dem *Verdacht* gegenüber den Flüchtlingen aus dem Maghreb ernst zu machen und sie gar nicht erst einreisen zu lassen. So sieht es wenigstens die Politik.

Wieso die »Vorfälle von Köln« die Flüchtlingspolitik der Kanzlerin überhaupt in ein gänzlich *neues* Licht rücken sollen, leuchtet nicht ein. Dass unter den Straftätern vorm Kölner Hauptbahnhof in der Silvesternacht auch Flüchtlinge gewesen sind, sollte doch niemanden verwundern, der weiß, was denen in Flüchtlingslagern monatelang an Trostlosigkeit zugemutet wird.[1] Dass einige unter ihnen die Gelegenheit der Silvesterparty wahrgenommen haben, um sich dort feiernden Frauen unsittlich zu nähern – auch zu Vergewaltigungen soll es gekommen sein –, bestätigt nur das, was sich die Politik ohnehin und schon seit langem zentral in ihre Integrationskonzepte geschrieben hat: Einige gläubige Muslime haben ein Frauenbild, das nicht »zu uns« passt. Und wie sollte es verwundern, wenn junge Leute aus dem Maghreb, die der hier bildreich dargelegten Armut ihrer Heimat entflohen sind und die in den Zentren des Kapitalismus zu Geld kommen wollen, in der dichten Menschenmenge Handys und Geldbörsen stehlen? Wollen die entsetzten Politiker nicht ihren eigenen Anteil am Geschehen wahrha-

[1] Eine ganze Reihe von Flüchtlingen hat begonnen, gegen das BAMF wegen »Untätigkeit« zu klagen. Es ist wohl nur recht und billig anzunehmen, dass dies die Spitze des Eisbergs an Unzufriedenheit mit deutscher Flüchtlingsbetreuung ist. Wenn einige den legalen Weg gehen, liegt es nahe, dass andere den illegalen Weg suchen und sich untergetaucht um »Schwarzarbeit« bemühen; was ein Beleg dafür ist, dass »unlautere Absichten« von Flüchtlingen nicht nur importiert, sondern auch in deutschen Lagern generiert werden.

ben? Immerhin sind sie es, die Flüchtlingen bei der Registrierung Geld abnehmen,[2] sie monatelang in Erstaufnahmelagern unterbringen, mit Arbeitsverbot, einer Versorgung über Sachleistungen und Residenzpflicht, und die damit einen recht heftigen Test auf die Anspruchslosigkeit der Flüchtlinge und auf die Fähigkeit dieser bei Schleppern oder ihren Familien verschuldeten Migranten organisieren, die Welt der ausgestellten Güter als für sie gänzlich unzugänglichen Reichtum einzuordnen?[3] Da ist schon ziemlich viel Heuchelei unterwegs, wenn sich Politiker und Medienmenschen völlig überrascht und empört geben. Es bricht sich vielmehr ein seit geraumer Zeit *vorhandener Unwille* über den Flüchtlingszustrom Bahn. Alles, was ohnehin schon länger als Kritik an der Flüchtlingspolitik der Kanzlerin vorgetragen worden ist, erhält nunmehr neue *Berechtigung*.

## Der härtere Kurs: »Null Toleranz«

Entsprechend sehen die Antworten aus, die auf die gestellten Fragen im Umlauf sind. Unter öffentlicher Berufung auf die Verängstigung deutscher Frauen, die sie damit zugleich weiter schüren, legen die Politiker Pakete mit Vorschlägen vor, was nun unbedingt gegen die Flut all jener Flüchtlinge bzw. Muslime aus dem Maghreb zu tun sei, die hier als »Sex-Terroristen« (AfD) und als banden-

[2] Flüchtlinge werden bei der Erstaufnahme auf Geld und Schmuck untersucht. Geld wird ab einer Summe, die von Bundesländern unterschiedlich bestimmt wird, ebenso abgenommen wie Schmuck. Beides wird zur Finanzierung der Flüchtlingsbearbeitung verwendet.

[3] Leider ist man immer wieder gezwungen, darauf zu verweisen, dass solche Urteile, in denen die Heuchelei der Politik aufgedeckt wird, weder als Erklärung einer Motivlage noch als Entschuldigung der Kölner Gruppen gedacht sind. Es sind weder die Umstände noch eine »abweichende Sozialisation«, die Flüchtlinge zu Dieben und »Sexualtätern« *gemacht* haben. Gelegenheit *macht* nicht Diebe, sondern *gibt* ihnen eine. Wollte man sich näher über die »Ordnungsstörer« verständigen, dann müsste man u.a. erwähnen, dass zu ihren Umtrieben die Entscheidung gehört, sich von Unwillensäußerungen der betroffenen – weiblichen oder männlichen – Opfer nicht umstimmen zu lassen; dass folglich dazu schon so etwas wie ein *eingebildeter Rechtsstandpunkt* gehört, ihnen als Verfolgten, Geflüchteten, Verarmten oder auch »so« Erzogenen stünde etwas Derartiges zu.

mäßig organisierte Diebe ihr Unwesen treiben. Ein härterer Kurs wird gefordert: Die Obergrenzendebatte von Seehofer bekommt Aufwind, die Wiedereinführung der Dublin-Regeln an deutschen Grenzen wird in Bayern versuchsweise aufgelegt, die behördliche Zuweisung eines Wohnsitzes, mit der »Ghetto«-Bildung verhindert werden soll, wird verlangt, die Residenzpflicht für Asylsuchende verschärft, von der Bekanntgabe des Termins für Abschiebungen Abstand genommen usw. Was da alles angedacht, vorbereitet und verabschiedet wird, das hat mit einer Strafverfolgung der Täter von Köln kaum etwas zu tun. Will denn Seehofer mit seiner Obergrenze ab 2016 regelmäßig 200.000 potenzielle Straftäter ins Land lassen? Möchte man mit der Verhinderung von Ghetto-Bildung der Dezentralisierung von Diebesbanden Vorschub leisten?

Natürlich enthält der »härtere Kurs« auch neue Vorschläge, die direkt auf Köln Bezug nehmen: Null Toleranz mit den Straftätern von Köln fordern Politiker. So ist im Schnellverfahren die Verschärfung der Abschiebungsregelungen für ausländische Straftäter in der Großen Koalition zur einvernehmlichen Beschlusssache gediehen. Zudem ist im Gespräch, Algerien, Marokko und Tunesien, Länder, aus denen vor allem die für die »Kölner Exzesse« verantwortlichen Flüchtlinge kommen sollen, zu »sicheren Herkunftsländern« zu erklären. Wie gezeigt, ergibt sich diese Maßnahme weniger daraus, dass dort Fluchtursachen erfolgreich bekämpft worden sind, sie ist vielmehr vom Interesse bestimmt, *vorhandene Fluchtgründe* von Flüchtlingen nicht mehr als *berechtigte* anzuerkennen. Entsprechend sollen Flüchtlinge aus dem Maghreb länger in Erstaufnahmelagern kaserniert werden, um ihre zügige Abschiebung von dort aus organisieren zu können.

Diesem – leicht zu erweiternden – Paket an Vorschlägen ist zu entnehmen, dass die Übergriffe der Gruppen von Ausländern in Köln nichts als ein willkommener *Anlass* sind, um den Versuch zu starten, in Sachen Flüchtlingspolitik *insgesamt* das Rad wieder zurückzudrehen, der »Willkommenskultur« ein Ende zu bereiten, der Kanzlerin das Urteil abzuverlangen, dass »Wir es doch nicht schaffen« und deswegen primär Europas Außengrenzen neu gegen Flüchtlingsströme abdichten müssen.

## Volkserziehung zur Toleranz mit eingebauter Grenze

Die Kritiker der Merkel-Politik sehen sich nicht nur endgültig bestätigt. Sie warnen zugleich davor, dass die Rechten von Pegida, der AfD oder der NPD Oberwasser bekommen und mit ihrem »Deutschland den Deutschen, Ausländer raus!« das gerade frisch polierte Deutschlandbild trüben. Das ist nicht zu bestreiten. Aber auch viele der guten Deutschen, die »eigentlich nichts gegen Ausländer haben«, schütteln bedenklich den Kopf und wollen nun wissen, dass Merkel über ein Ende ihrer Politik der offenen Grenzen nachdenken müsse. Inzwischen soll sich eine Mehrheit der Deutschen gegen Merkels Politik ausgesprochen haben.[4] Der eine oder andere Schreiberling wundert sich deshalb, wie schnell im deutschen Volk an die Stelle der »Willkommenskultur«, die de Maizière schon durch die »Anerkennungskultur« ergänzen wollte, nun die Forderung nach einer »Abschreckungskultur« getreten ist. Alle in den Monaten vor dem Jahreswechsel 2015/16 unternommenen Bemühungen von Politik, Presse, TV und BILD, den ausländerskeptischen Bürgern beizubringen, dass ihnen als Deutschen etwas mehr Toleranz gegenüber Flüchtlingen nicht nur gut anstünde, sondern dass »wir uns« diese Tugend auch leisten könnten, scheinen nicht zu fruchten.

Allerdings ist es so verwunderlich nicht, dass Bürger, die sich im Vorjahr noch den »Willkommensfeiern« ideell oder praktisch angeschlossen haben, auf einmal Stimmung *gegen* Flüchtlinge machen. Das Lager der toleranten, weltoffenen Deutschen müssen diese Mitmenschen dafür gar nicht wechseln. Wo als Botschaft der »Willkommenskultur« ohnehin nur das Bild vom eigentlich guten, verständnisvollen und hilfsbereiten *Deutschland* stehen geblieben ist – genau jenes Bild, das in der TV-Öffentlichkeit verbreitet wurde –, da ist immer schon die Einforderung einer *Gegenleistung* durch die Begrüßten mitgedacht. Die hat zumindest darin zu bestehen, dass die Flüchtlinge sich »hier bei uns anständig« aufführen, also nicht in aller Öffentlichkeit Frauen »begrabschen«, vor den Augen der Polizei wie die Raben stehlen und dies noch in der Form eines organisierten Massenauftriebs. Wenn dann so etwas wie in der Sil-

[4] Vgl. z.B.: ZDF-Politbarometer vom 15.1.2016.

vesternacht in Köln passiert, ist bei den Einheimischen schnell das *Ende der Toleranz* erreicht – das praktischerweise in der Logik der Toleranz mit eingeschlossen ist.

Zur Toleranz, zur Duldung wird nämlich nur aufgerufen, wo erstens das Zusammenleben der Menschen durch Konflikte und widerstreitende Interessen gekennzeichnet ist; diese aber zweitens nicht auf ihre Gründe untersucht und kritisiert werden sollen, damit ihre Ursachen und sie selbst aus der Welt kommen; vielmehr wird drittens mit dem Toleranzgebot eine »Konfliktlösung« propagiert, die das *Fortbestehen* von vorausgesetzten Interessengegensätzen einschließt. Unverträgliche Interessen oder Anliegen kommen weder zum Austrag, noch sollen sie bereinigt, per Kompromiss erledigt oder per argumentativer Debatte aufgehoben werden. Gefordert ist vielmehr, dass die Menschen sich selbst mit dem *verbleibenden* Ärger, Frust oder Unmut so arrangieren, dass im Umgang miteinander »Harmonie über Unterschiede hinweg« einzieht und »Frieden ermöglicht«[5] wird. Wo weder der Gegenstand des »Unfriedens« beseitigt, folglich auch der Unfrieden stiftende Ärger nicht getilgt ist, die Faust vielmehr nur in der Tasche geballt wird und über dem Tisch die Hände geschüttelt werden, da liegt die *Aufkündigung der Duldsamkeit* immer schon in der Luft. Es ist das Bewusstsein des eigenen *Anstands*, sich ganz gegen das eigene Interesse, gegen die eigene Auffassung oder Stimmungslage selbst zur Zurückhaltung verpflichtet zu haben, das die Geduldeten dann in der Pflicht sieht. Einfach um sie einen Bogen machen, das geht gar nicht. Vielmehr ist an ihnen ständig zu untersuchen, inwieweit sie diese Toleranz auch *wert* sind. Dabei gehören bekanntlich unverhältnismäßig geringfügige Anlässe dazu, dass der durch die Toleranz-Moral nur *eingeschlossene* Konflikt losbricht. »Irgendwann« sind dann die *Grenzen der Toleranz* erreicht, erklärt der bisher so geduldige Mitbürger in dem Selbstbewusstsein, dass er es wirklich nicht an dieser Tugend hat fehlen lassen. Und Köln ist in aller Augen mehr als das: Nicht *alle* Flüchtlinge sind unsere Willkommenskultur mit ihrer Botschaft von Toleranz und wech-

---

[5] Aus der UNESCO-Definition von Frieden. Nach: www.unesco.de/infothek/dokumente/unesco-erklaerungen/erklaerung-toleranz.html.

selseitiger Wertschätzung wert, heißt es jetzt von fast allen Seiten; weswegen es auch völlig in Ordnung geht, ja, eine Notwendigkeit darstellt, dass gegen entsprechende *Flüchtlinge* harte Maßnahmen beschlossen werden und eine Begrenzung des Zustroms durchgeführt wird.

Das sieht übrigens der Bundespräsident auch so. Das von ihm ausgegebene neue Motto »*Begrenzung schafft Akzeptanz!*« soll in seinem *moralischen Wert* der Humanität von Merkels Grenzöffnung in nichts nachstehen.[6] Es hängt doch, erklärt er, die Hilfsbereitschaft der deutschen Bevölkerung von der Akzeptanz der Flüchtlinge ab; weswegen, muss man weiter denken, die Hilfsbereitschaft in dem Maße steigt, wie der Zuzug von Flüchtlingen verhindert wird. Oder so: Je mehr man sich mit Korrekturen an der Flüchtlingspolitik der Position derjenigen deutschen Bürger öffnet, die von Hilfsbereitschaft für Flüchtlinge ohnehin nichts halten, desto größer wird ihre Hilfsbereitschaft.

Dass sich ein Gauck keine Gedanken macht über die Gründe »fehlender Akzeptanz« bei deutschen Bürgern, ist kein Schönheitsfehler dieser Logik. Seine Begrenzungsparole ist nicht als Parteinahme für Pegida, die AfD oder jene guten Deutschen, die »eigentlich nichts gegen Flüchtlinge haben«, gedacht. Er beruft sich in diesem Fall auf die kritische Meinung deutscher Patrioten, weil er eine *Spaltung* des deutschen Volkes an der Flüchtlingsfrage verhindern möchte. Die Einheit der Deutschen in dieser »Schicksalsfrage der deutschen Nation« geht ihm über alles, auch über den Versuch der Kanzlerin, »altes Denken« in Sachen *nationaler Identität* durch ein Nationalbewusstsein zu ersetzen, das für sie zur angestrebten Rolle Deutschlands als Führungsmacht in der »globalisierten Welt« besser passt.

---

[6] Rede auf dem Weltwirtschaftsforum Davos 2016; vgl. Süddeutsche Zeitung vom 21.1.2016.

## Das deutsche Volk überfordert, Europa »unsolidarisch«, Fluchtursachenbekämpfung außer Reichweite

Von der Kanzlerin ist nach Köln der Satz »Wir schaffen das!« nicht mehr zu hören. Das versprochene »freundliche Gesicht Deutschlands«, das ohnehin in allen Abteilungen der Merkelschen Flüchtlingspolitik noch nie die Eingriffe der Staatsgewalt an den Grenzen, bei der Registrierung, Beförderung und Lagerkontrolle verleugnet hat, wird ersetzt durch das »harte Gesicht« des deutschen Rechtsstaats, dem auch Merkel nach Köln seine Reverenz erweist. Sie wird schon mit der Erwähnung eines »Plans B« zitiert.[7] Der hat zwar noch keine offiziellen Umrisse, lässt sich aber ebenso wie das verabschiedete Asylpaket II[8] leicht als erstes Arrangement mit den Forderungen ihrer innenpolitischen Kritiker aus der Koalition und als Modifizierung ihrer außenpolitischen Vorhaben in Sachen Flüchtlingspolitik deuten.

Es kommt in der Tat Einiges zusammen. Denn sowohl in den Ansprüchen an die europäischen »Partnerstaaten« als auch in dem, was sie als Fluchtursachenbekämpfung auf die Tagesordnung gesetzt hat, und in dem, was sie dem deutschen Volk zumutet, muss die Kanzlerin Rückschläge einstecken:

- In gewisser Weise ist sie mit ihrem Konzept, das die Bevölkerung von Nationalstaaten neu definiert und ihnen Flüchtlinge als Neubürger zuordnet, »ihrer Zeit etwas voraus«. Oder anders gesagt: Teile des Volkes laufen in ihrem Nationalbewusstsein dem Umstand hinterher, dass Deutschland sich schon seit längerer Zeit auf dem Wege zur Einwanderungsgesellschaft befindet. Rücksicht auf diese Volksteile scheint geboten, mahnen die CSU und Teile der CDU an, die es gar nicht leiden können, wenn einige ihrer Stammwähler der Mahnung von F.J. Strauß, dass es »rechts von der *CSU keine* demokratisch legitimierte *Partei geben darf*«, nicht mehr folgen wollen; weswegen sie gediegen rechtspopulistisch die Konkurrenz mit den »Rechtspopulisten« von der AfD aufnehmen. SPD und Grüne toppen das noch. Sie zeigen mit dem – inzwischen wie-

[7] Z.B. im Focus, 23.1.2016.

[8] Vgl. dazu: www.proasyl.de/de/news/detail/news/asylpaket_ii_frontalangriff_auf_das_individuelle_asylrecht/.

der relativierten – Anliegen, die AfD von Polittalkrunden im Wahlkampf auszuschließen, wie diese Konkurrenz auszutragen ist. Was eine für die Parteienkonkurrenz »demokratisch legitimierte« Partei ist, darüber hat nicht der Wähler mit seiner Stimme zu befinden, sondern das ist, teilen uns SPD und Grüne mit, Sache jener Parteien, die sich seit Jahrzehnten in die Macht teilen.

Es ist schon ein Kreuz mit der Demokratie, dass die Bürger nicht daran *gehindert* werden können, per Wahlkreuz ein Urteil abzugeben, mit dem sie sich vor der »bei uns angekommenen Globalisierung wegducken«. Es ist die zum beherrschenden Thema gemachte Flüchtlingsfrage, die Deutsche zu einem Wahlkreuzurteil nötigt, bei dem sie ihre politische Neigung nicht mehr so ohne Weiteres durch die Standards der »political correctness« zügeln. Jahrzehntelang haben sie sich die Frage, ob man als Deutscher eingedenk der deutschen *Vergangenheit* überhaupt die NPD wählen darf, korrekt beantwortet. Doch jetzt, wo es – so oder so – um die *Zukunft* Deutschlands geht, entfällt diese Polit-Moral. Und da für diese deutschen Nationalisten alten Schlages die Zukunft eher dadurch bestimmt wird, *wer* mit ihnen um Kita-Plätze, Wohnraum oder Arbeit konkurriert, als dadurch, *was* diese Konkurrenzkämpfe für all diejenigen, die auf sie verpflichtet werden, an Beschränkungen ihrer Lebensqualität bereithalten, sind sie nicht mehr gewillt, aus ihrem Herzen eine Mördergrube zu machen, und widerlegen mit ihrer Wählerstimme F. J. Strauß.

Auch der Kanzlerin ist klar, dass ihr »globales« Konzept für ein deutsch geführtes Europa damit steht und fällt, wie europäische Völker ihre nationale Identität definieren und leben wollen und wem sie darüber an die Macht verhelfen.

■ Mit ihrer Forderung nach Beteiligung Europas an der Verteilung der Flüchtlinge ist die Bundeskanzlerin bei der großen Mehrzahl der europäischen Staaten bisher weitgehend abgeblitzt. Sie hat ihr »Wir schaffen das« sehr realistisch von vornherein mit dem »… aber nur mit einem solidarischen Europa« verknüpft und muss nun feststellen, dass deutsche »Führungsverantwortung« im Bündnis der Schengenstaaten doch nicht so selbstverständlich als Gefolgschaft abgerufen werden kann wie etwa bei der Finanzkrisenbewältigung, in der Deutschland als Sieger in der innereuropäischen Konkurrenz auch die Hauptlast übernommen hatte. Dabei hat sich nicht etwa über Nacht in Europa eine neue Verteilung von Macht und Einfluss eingestellt. In der Hinsicht ist alles geblieben, wie es ist. Was sich geändert hat, das ist vor allem bei den Visegrad-Staaten (Polen, Tschechien, Slowakei und Ungarn) *zum einen* eine Neukalkulation des *nationalen Ertrags dieser Gefolgschaft* und zwar angesichts einer deutschen Regierung, die ihnen wie selbstverständlich eine neue Stellung zu ihrer Bevölkerungszusammensetzung, verbunden mit Eingriffen in ihren Grenzverkehr, zumutet. Zudem liegt die Neuregelung des Schengengrenzregimes, für das »Hotspots« vorgesehen sind, brach.

*Zum anderen* stellt sich der innereuropäische Hauptbündnispartner und damit Hauptkonkurrent Frankreich quer. Mit demselben, ebenfalls aus nationaler »Betroffenheit« abgeleiteten Anspruch auf weltweite Gültigkeit, mit dem Merkel ihre Flüchtlingspolitik zur europäischen Sache gemacht hat, setzt Frankreich auf ein *Primat des Antiterrorkampfs*. Frankreich möchte durchsetzen, dass sich nicht nur alle europäischen Staaten, sondern auch die Weltmächte hinter diesem Zweck versammeln. Dabei weiß die Grande Nation gegen Deutschlands führende ökonomische Stellung die eigene nationale Überlegenheit bei der Waffenausstattung ins Feld zu führen – wie nach den Anschlägen im November 2015 durch das demonstrative Auffahren im Mittelmeer mit Flugzeugträger und Zubehör.

■ Da sich die deutsche Regierung einem Antiterrorkampf nicht verschließen kann und will, ist sie auf das Kunststück verwiesen, in Syrien den IS mit zu bekämpfen, zugleich aber dort die Fluchtursachen nicht aus den Augen zu verlieren. Dabei kommt ihr eine Verbindung der beiden »globalen Herausforderungen« gar nicht gelegen: Innenpolitisch passt der Verdacht, es könnten sich unter die Flüchtlinge auch IS-Terroristen mischen, nicht zur »Willkommenskultur«; und außenpolitisch gerät zwangsläufig jede direkte oder indirekte Beteiligung an den militärisch operierenden antiterroristischen Aktivitäten in Syrien zum glatten Gegenteil: Statt Fluchtursachen zu bekämpfen, schaffen sie neue.

■ Auch das Vorhaben, die Türkei dazu zu bewegen, ihre Lager in Richtung Europa abzudichten, kommt nicht recht voran. Der türkische Staat ist sich nicht nur seiner strategischen Bedeutung für die Großmächte und die NATO bewusst, er setzt überdies dieses Wissen ein, um in den Verhandlungen mit der EU Zugeständnisse einzufordern, die sich aus regional- und europapolitischen Interessen speisen. Es geht dabei nicht nur um die geforderten Milliardensummen zur Lagerbetreuung, sondern zugleich um »Landgewinne« im laufenden Krieg gegen die Kurden, mit dem die Türkei selbst Flüchtlinge produziert, damit um die Anerkennung dieses politischen Ausrottungskampfes durch die EU, der obendrein nebenher klarere Beitrittsoptionen abgewonnen werden sollen. So wird die für Europa so wichtige Frage, ob aus den Lagern in der Türkei weitere Millionen von Syrern den Weg in Richtung Schengengrenzen antreten, eingemischt in wechselseitige Erpressungsmanöver, die sich gar nicht aus der »Flüchtlingskrise« ergeben.

■ Schließlich erweist sich eine eigentlich bei der Flüchtlingssortierung »sichere Bank«, nämlich die Erklärung von Ländern zu »sicheren Herkunftsstaaten«, ebenfalls als nur bedingt tauglich. Was im Westbalkan noch das gewünschte Resultat gezeigt hat – die Flüchtlingszahlen gehen drastisch herunter –, das wird hinsichtlich der Maghreb-Staaten offen bezweifelt. Dass diese »sicheren Herkunftsstaaten« kein ähnliches Interesse an der Rücknahme von Flüchtlingen und deren nationaler »Unterbringung« haben wie die Staaten des Westbalkan, liegt auf der Hand. Sie sind nicht der Prüfung ausgesetzt, ob sie ihr Innenleben europatauglich zugerichtet haben, sondern froh über jeden armen Schlucker, der ihnen nicht auf der Tasche liegt. In noch weit stärkerem Maße gilt dies für die »Rückführung« in weiter südlich gelegene afrikanische Länder. Da muss Europa schon heftig »zureden« – etwa mit der Sperrung von Geldern für Entwicklungshilfe oder mit der Aufkündigung von Umschuldungsvereinbarungen drohen –, um diese Staaten zur Ausstellung von Pässen und zur Bereitstellung von Abschiebelogistik zu bewegen. Deutlich zeigt sich an dieser Front die Differenz zwischen den an diese Staaten gerichteten Vorstellungen und dem, wozu deren Reste an Souveränität noch taugen. Ob die Rückführung überhaupt in *vertragsrechtlich* geregelten Bahnen verlaufen kann, d.h. mit der Abschiebung zugleich eine vereinbarte Regelung eingehalten wird, die den Flüchtlingen zumindest die sichere Rückkehr in ihre Heimat garantiert – egal, was dann dort mit ihnen passiert –, ist häufig genug eine offene Frage. Dass mit Staaten auch anders verfahren werden kann, wenn sie für Verträge und deren Einhaltung nicht zu haben sind, haben die EU-Staaten mehr als einmal mit den Vorgaben für Frontex und mit der freien Hand gezeigt, die sie Zufluchtstaaten – wie etwa Libyen – bei der Abschiebung von Flüchtlingen ins absolut Ungewisse gelassen haben.

*

Es steht nicht zu erwarten, dass Merkel ein Scheitern ihrer Politik erklärt. Sie wird sich auch nicht beleidigt von ihrer politischen Heimat abwenden, etwa weil sie einmal bekanntgegeben hat: »Ich muss ganz ehrlich sagen, wenn wir jetzt anfangen, uns noch entschuldigen zu müssen dafür, dass wir in Notsituationen ein freundliches Gesicht zeigen, dann ist das nicht mein Land.«[9] Sie wird am *Anspruch* festhalten, dass es zu Deutschland passt, sich als Weltflüchtlingsmacht aufzustellen, und dass sich auch das deutsche Volk irgendwann den nicht abzustellenden Flüchtlingsbewegungen mit neuem Nationalbewusstsein zu öffnen hat. Und sie wird sich dafür einsetzen, dass aus diesem Anspruch *auf Dauer* mehr wird. Denn als deutsche Kanzlerin sieht sie sich ganz dem politischen Auftrag verpflichtet, das in Europa führende Deutschland auch in der Konkurrenz der Weltmächte zu mehr Macht und Einfluss zu führen.

In diesem *prinzipiellen* Auftrag sind sich die führenden deutschen Berufsnationalisten aller Parteien ohnehin einig. Deswegen ist die *personalisierte Machtfrage*, in die sich die Kontroverse über die Flüchtlingspolitik verwandelt hat und die Gemüter erhitzt, vergleichsweise langweilig. Was hängt groß daran, wer von den Kontrahenten den Kampf politisch überlebt? Merkel oder Seehofer? Und: Überlebt Hollande Merkel oder Merkel Hollande? Gehen beide miteinander unter? Oder blühen sie miteinander auf?

*Wie auch immer der Streit um Führungsstärke und nationale Entschlossenheit zwischen den beteiligten Figuren ausgehen wird,*

---

[9] www.n-tv.de/politik/Merkel-Dann-ist-das-nicht-mein-Land-article15938301.html

*an den imperialistischen Gründen für die Massenflucht von Menschen, welche ihr Leben in ihrer Heimat massiv bedroht sehen, am Massensterben in Wüsten und Meeren, an Flüchtlingen, die sich an Grenzzäunen ballen, Einlass in kapitalistische »Paradiese« fordern, zwecks Durchsortierung monatelang in Erstaufnahmelagern konzentriert werden, dort entweder gleich abgewiesen oder als Ballast bzw. als billige Arbeitskräfte integriert werden, ändert das nichts.*